Confiance Inébranlable : Construire une Estime de Soi Solide

Confiance Inébranlable : Construire une Estime de Soi Solide

Sommaire :

Le sommaire :

Confiance Inébranlable : Construire une Estime de Soi Solide

Confiance Inébranlable : Construire une Estime de Soi Solide

Chapitre 1 : Comprendre la confiance en soi

1.1 Les bases de la confiance en soi

La confiance en soi est un élément essentiel pour mener une vie épanouissante et réussie. Elle est le fondement de notre estime de soi et de notre capacité à faire face aux défis de la vie. Mais qu'est-ce que la confiance en soi exactement ? Comment se construit-elle et quelles sont ses bases ?

1.1.1 La définition de la confiance en soi

La confiance en soi peut être définie comme la croyance en sa propre valeur, en ses compétences et en sa capacité à réussir. C'est la certitude intérieure qui nous permet d'affronter les difficultés, de prendre des décisions et d'agir de manière autonome. Elle est le reflet de notre perception de nous-mêmes et de notre confiance dans nos capacités.

1.1.2 Les composantes de la confiance en soi

La confiance en soi repose sur plusieurs composantes interdépendantes. La première est la confiance en ses compétences. Cela signifie croire en sa capacité à accomplir des tâches et à atteindre des objectifs. La deuxième composante est la confiance en sa valeur personnelle. Cela implique d'avoir une estime de soi positive et de se sentir digne d'amour et de respect. Enfin, la troisième composante est la confiance en sa capacité à faire face aux défis et aux obstacles de la vie. Cela nécessite d'avoir une attitude positive face aux échecs et de croire en sa capacité à rebondir.

1.1.3 Les sources de la confiance en soi

La confiance en soi se construit tout au long de notre vie et est influencée par de nombreuses sources. Les expériences passées jouent un rôle crucial dans le développement de la confiance en soi. Les réussites et les échecs que nous avons vécus façonnent notre perception de nos compétences et de notre valeur personnelle. Les relations sociales, notamment avec nos parents, nos pairs et nos enseignants, ont également un impact sur notre confiance en nous. Les encouragements et les critiques que nous recevons peuvent renforcer ou affaiblir notre estime de soi.

1.1.4 Les avantages d'une confiance en soi solide

Une confiance en soi solide présente de nombreux avantages dans tous les domaines de notre vie. Sur le plan personnel, elle nous permet d'avoir une meilleure estime de nous-mêmes, de nous sentir plus heureux et plus épanouis. Elle nous donne également la capacité de prendre des décisions éclairées et de faire face aux défis avec résilience. Sur le plan professionnel, la confiance en soi est un atout précieux. Elle nous permet de nous affirmer, de prendre des initiatives et de réussir dans nos projets. Elle favorise également de meilleures relations interpersonnelles, car elle nous permet d'exprimer nos besoins et nos limites de manière assertive.

En conclusion, la confiance en soi est un élément essentiel pour construire une estime de soi solide. Elle repose sur la confiance en ses compétences, en sa valeur personnelle et en sa capacité à faire face aux défis. Elle se construit tout au long de notre vie et est influencée par nos expériences passées et nos relations sociales. Une confiance en soi solide présente de nombreux avantages dans tous les domaines de notre vie. Dans les chapitres suivants, nous explorerons en détail les différents aspects de la confiance en soi et les techniques pour la renforcer.

1.2 Les facteurs qui influencent la confiance en soi

La confiance en soi est un élément essentiel pour mener une vie épanouissante et réussie. Elle joue un rôle crucial dans notre capacité à prendre des décisions, à relever des défis et à interagir avec les autres. Cependant, la confiance en soi n'est pas innée, elle est influencée par de nombreux facteurs qui peuvent varier d'une personne à l'autre. Dans ce chapitre, nous allons explorer les différents facteurs qui peuvent influencer la confiance en soi.

1.2.1 L'environnement familial et social

L'environnement dans lequel nous avons grandi et les relations que nous entretenons avec notre famille et nos amis peuvent avoir un impact significatif sur notre confiance en soi. Si nous avons été entourés de personnes qui nous ont soutenus, encouragés et valorisés, il est plus probable que nous développerons une confiance en nous solide. En revanche, si nous avons été critiqués, dévalorisés ou négligés, cela peut entraîner une faible estime de soi et une confiance en soi fragile.

1.2.2 Les expériences passées

Nos expériences passées, qu'elles soient positives ou négatives, peuvent également influencer notre confiance en soi. Les réussites passées peuvent renforcer notre confiance en nos capacités, tandis que les échecs passés peuvent ébranler notre estime de soi. Il est important de prendre du recul et de tirer des leçons de nos expériences, qu'elles soient bonnes ou mauvaises, afin de ne pas laisser les échecs nous décourager et de continuer à croire en nos capacités.

1.2.3 Les comparaisons sociales

Dans notre société moderne, il est facile de se comparer aux autres, que ce soit en termes de réussite professionnelle, de physique ou de relations amoureuses. Les comparaisons constantes peuvent avoir un impact négatif sur notre confiance en soi, car nous nous sentons souvent en infériorité par rapport aux autres. Il est important de se rappeler que chaque personne est unique et que nous avons tous nos propres forces et faiblesses. Se concentrer sur nos propres réalisations et objectifs plutôt que de se comparer aux autres peut aider à renforcer notre confiance en nous.

1.2.4 Les croyances limitantes

Nos croyances sur nous-mêmes et sur ce dont nous sommes capables peuvent grandement influencer notre confiance en soi. Si nous avons des croyances limitantes, telles que "je ne suis pas assez intelligent" ou "je ne mérite pas le succès", cela peut entraver notre confiance en nous et nous empêcher de réaliser notre plein potentiel. Il est important d'identifier ces croyances limitantes et de les remettre en question. En travaillant sur nos pensées et en adoptant des croyances positives et constructives, nous pouvons renforcer notre confiance en nous.

1.2.5 Les succès et les échecs récents

Nos succès et nos échecs récents peuvent également avoir un impact sur notre confiance en soi. Lorsque nous réussissons dans nos entreprises, cela renforce notre confiance en nos capacités. En revanche, lorsque nous échouons, cela peut ébranler notre estime de soi. Il est important de ne pas laisser les échecs nous décourager, mais plutôt de les considérer comme des opportunités d'apprentissage et de croissance. En célébrant nos succès et en apprenant de nos échecs, nous pouvons renforcer notre confiance en nous.

1.2.6 L'estime de soi

L'estime de soi est étroitement liée à la confiance en soi. Si nous avons une faible estime de nous-mêmes, il est probable que notre confiance en nous sera également faible. L'estime de soi se construit à partir de notre perception de notre valeur personnelle et de notre capacité à nous aimer et à nous accepter tels que nous sommes. En travaillant sur notre estime de nous-mêmes et en développant une attitude bienveillante envers nous-mêmes, nous pouvons renforcer notre confiance en nous.

En conclusion, la confiance en soi est influencée par de nombreux facteurs, tels que l'environnement familial et social, les expériences passées, les comparaisons sociales, les croyances limitantes, les succès et les échecs récents, ainsi que l'estime de soi. En comprenant ces facteurs et en travaillant sur eux, nous pouvons développer une confiance en nous solide et inébranlable. Dans les chapitres suivants, nous explorerons des techniques et des stratégies pour renforcer notre confiance en nous et construire une estime de soi solide.

1.3 Les conséquences d'un manque de confiance en soi

Le manque de confiance en soi peut avoir de nombreuses conséquences négatives dans différents aspects de notre vie. Lorsque nous ne croyons pas en nos propres capacités, cela peut affecter notre estime de soi, notre bien-être émotionnel et même nos relations interpersonnelles. Dans cette section, nous explorerons les conséquences d'un manque de confiance en soi et comment cela peut influencer notre vie quotidienne.

1.3.1 L'impact sur l'estime de soi

Un manque de confiance en soi peut entraîner une baisse significative de l'estime de soi. Lorsque nous ne croyons pas en nos compétences et en nos capacités, nous avons tendance à nous sous-estimer et à douter de notre valeur personnelle. Cela peut créer un cercle vicieux où notre estime de soi diminue encore plus, ce qui affecte notre confiance en nous-mêmes.

1.3.2 Les difficultés dans les prises de décision

Le manque de confiance en soi peut rendre les prises de décision difficiles. Lorsque nous ne croyons pas en nos propres capacités à faire les bons choix, nous pouvons être paralysés par la peur de prendre une mauvaise décision. Cela peut nous empêcher de progresser dans notre vie personnelle et professionnelle, car nous hésitons constamment et évitons de prendre des risques.

1.3.3 Les obstacles dans les relations interpersonnelles

Un manque de confiance en soi peut également avoir un impact sur nos relations interpersonnelles. Lorsque nous ne croyons pas en notre valeur et en notre capacité à être aimés, nous pouvons avoir du mal à établir des liens profonds et significatifs avec les autres. Nous pouvons nous sentir anxieux dans les interactions sociales, craindre le rejet et éviter les situations sociales qui pourraient nous mettre mal à l'aise.

1.3.4 Les limitations dans la réalisation des objectifs

Le manque de confiance en soi peut limiter notre capacité à atteindre nos objectifs. Lorsque nous ne croyons pas en nos propres compétences, nous pouvons avoir du mal à nous fixer des objectifs ambitieux et à persévérer pour les atteindre. Nous pouvons nous sous-estimer et nous décourager facilement face aux obstacles, ce qui peut nous empêcher de réaliser notre plein potentiel.

1.3.5 Le stress et l'anxiété

Un manque de confiance en soi peut également contribuer au stress et à l'anxiété. Lorsque nous doutons constamment de nous-mêmes, nous pouvons être préoccupés par le jugement des autres et par la peur de l'échec. Cela peut entraîner une tension constante, une anxiété sociale et une difficulté à se détendre et à profiter pleinement de la vie.

1.3.6 L'impact sur la santé mentale

Le manque de confiance en soi peut avoir un impact significatif sur notre santé mentale. Lorsque nous ne croyons pas en nous-mêmes, nous pouvons nous sentir déprimés, anxieux et avoir une faible estime de nous-mêmes. Cela peut entraîner des problèmes de santé mentale tels que la dépression, l'anxiété et même des troubles alimentaires. Il est donc essentiel de travailler sur notre confiance en soi pour préserver notre bien-être émotionnel.

En conclusion, un manque de confiance en soi peut avoir de nombreuses conséquences négatives dans notre vie. Cela peut affecter notre estime de soi, notre capacité à prendre des décisions, nos relations interpersonnelles, notre réalisation des objectifs, notre niveau de stress et même notre santé mentale. Il est donc important de reconnaître l'importance de la confiance en soi et de travailler activement à la renforcer pour vivre une vie épanouissante et gratifiante.

1.4 Les mythes sur la confiance en soi

La confiance en soi est un concept complexe qui suscite de nombreuses idées fausses et de fausses croyances. Dans cette section, nous allons démystifier certains de ces mythes courants sur la confiance en soi.

1.4.1 "La confiance en soi est innée"

Beaucoup de gens pensent que la confiance en soi est quelque chose que l'on possède dès la naissance, mais ce n'est pas le cas. La confiance en soi se développe tout au long de la vie et peut être influencée par de nombreux facteurs tels que l'éducation, les expériences passées et les interactions sociales. Il est important de comprendre que la confiance en soi peut être cultivée et renforcée avec le temps et l'effort.

1.4.2 "La confiance en soi signifie être arrogant"

Il y a une confusion fréquente entre la confiance en soi et l'arrogance. La confiance en soi est une conviction profonde en ses propres capacités et en sa valeur en tant qu'individu, tandis que l'arrogance est une attitude hautaine et méprisante envers les autres. Une personne confiante est capable de reconnaître ses forces et ses faiblesses sans se sentir supérieure aux autres. La confiance en soi est une qualité positive qui favorise des relations saines et une estime de soi solide.

1.4.3 "La confiance en soi ne peut pas être apprise"

Certaines personnes pensent que la confiance en soi est une caractéristique fixe et immuable, mais ce n'est pas le cas. La confiance en soi peut être développée et renforcée par le biais de diverses techniques et stratégies. Des thérapies telles que la thérapie cognitive-comportementale (TCC) et la thérapie d'acceptation et d'engagement (ACT) peuvent aider à identifier et à remettre en question les pensées négatives et les croyances limitantes qui sapent la confiance en soi. Il est important de se rappeler que la confiance en soi est un processus continu qui nécessite un travail constant.

1.4.4 "La confiance en soi signifie ne jamais douter de soi"

Il est tout à fait normal de douter de soi-même de temps en temps, même pour les personnes les plus confiantes. La confiance en soi ne signifie pas être dépourvu de doutes ou d'incertitudes, mais plutôt être capable de faire face à ces doutes et de les surmonter. La confiance en soi implique de reconnaître que l'on peut faire face aux défis et aux obstacles qui se présentent, même si l'on ressent parfois des doutes. Il s'agit d'avoir suffisamment de foi en ses propres capacités pour continuer à avancer malgré les incertitudes.

1.4.5 "La confiance en soi dépend de la validation des autres"

Il est courant de croire que la confiance en soi dépend de la façon dont les autres nous perçoivent et nous évaluent. Cependant, la confiance en soi ne devrait pas être entièrement basée sur l'opinion des autres. Elle devrait plutôt être fondée sur une évaluation réaliste de ses propres compétences et de sa valeur en tant qu'individu. La validation des autres peut être agréable, mais elle ne devrait pas être la seule source de confiance en soi. Il est important de cultiver une confiance en soi intrinsèque qui ne dépend pas des autres.

En démystifiant ces mythes courants sur la confiance en soi, nous pouvons commencer à développer une compréhension plus réaliste de ce concept complexe. La confiance en soi n'est pas innée, elle ne signifie pas être arrogant, elle peut être apprise, elle n'exclut pas les doutes et elle ne dépend pas de la validation des autres. En comprenant ces vérités, nous pouvons commencer à construire une estime de soi solide et une confiance inébranlable.

Chapitre 2: Identifier les blocages

2.1 Les expériences passées et leur impact sur la confiance en soi

Les expériences passées jouent un rôle crucial dans le développement de notre confiance en soi. Elles peuvent avoir un impact significatif sur notre estime de soi et notre perception de nous-mêmes. Dans ce chapitre, nous allons explorer comment les expériences passées peuvent influencer notre confiance en soi et comment nous pouvons surmonter les blocages qui en découlent.

2.1.1 Les expériences négatives

Les expériences négatives de notre passé peuvent laisser des cicatrices émotionnelles profondes qui affectent notre confiance en soi. Il peut s'agir de critiques constantes, de rejets, d'abus ou de tout autre événement traumatique. Ces expériences peuvent créer des croyances limitantes sur notre valeur personnelle et notre capacité à réussir.

Il est important de reconnaître que ces expériences ne définissent pas qui nous sommes réellement. Elles sont le reflet des circonstances et des actions des autres, et non de notre valeur intrinsèque en tant qu'individu. En comprenant cela, nous pouvons commencer à remettre en question les croyances négatives que nous avons pu développer à partir de ces expériences.

2.1.2 La réévaluation des expériences passées

Pour surmonter les blocages liés aux expériences passées, il est essentiel de réévaluer ces expériences à la lumière de notre croissance personnelle. Nous pouvons commencer par examiner les leçons que nous avons apprises de ces expériences et comment elles ont contribué à notre développement.

Il peut être utile de travailler avec un thérapeute ou un coach pour nous aider à revoir ces expériences de manière objective. Ils peuvent nous aider à identifier les schémas de pensée négatifs qui découlent de ces expériences et à les remplacer par des pensées plus positives et constructives.

2.1.3 La guérison émotionnelle

La guérison émotionnelle est un processus essentiel pour surmonter les blocages liés aux expériences passées. Cela implique de reconnaître et de traiter les émotions refoulées qui peuvent encore nous affecter. La thérapie peut être un outil précieux pour nous aider à explorer ces émotions en toute sécurité et à les libérer.

Il est important de se rappeler que la guérison émotionnelle est un processus individuel qui prend du temps. Il n'y a pas de solution rapide ou de formule magique pour guérir les blessures émotionnelles du passé. Cependant, en faisant preuve de patience et en nous engageant dans un travail thérapeutique, nous pouvons progressivement libérer ces émotions et reconstruire notre confiance en nous.

2.1.4 La reconstruction de l'estime de soi

Une fois que nous avons commencé à guérir nos blessures émotionnelles, nous pouvons commencer à reconstruire notre estime de soi. Cela implique de cultiver des pensées positives sur nous-mêmes et de développer une image de soi saine et réaliste.

Une technique efficace pour renforcer notre estime de soi est de pratiquer l'autocompassion. Cela signifie être gentil et bienveillant envers nous-mêmes, comme nous le serions envers un ami cher. Nous pouvons également utiliser des affirmations positives pour nous rappeler nos forces et nos réalisations.

En conclusion, les expériences passées peuvent avoir un impact significatif sur notre confiance en soi. Cependant, il est possible de surmonter ces blocages en réévaluant nos expériences, en guérissant émotionnellement et en reconstruisant notre estime de soi. En travaillant avec des professionnels de la santé mentale et en pratiquant des techniques d'autocompassion, nous pouvons construire une confiance inébranlable et une estime de soi solide.

2.2 Les croyances limitantes

Les croyances limitantes sont des pensées négatives et restrictives qui nous empêchent de croire en nous-mêmes et en nos capacités. Elles sont souvent profondément enracinées dans notre subconscient et peuvent avoir un impact significatif sur notre confiance en soi. Dans ce chapitre, nous allons explorer en détail les croyances limitantes et comment les surmonter pour construire une estime de soi solide.

2.2.1 Comprendre les croyances limitantes

Les croyances limitantes sont généralement formées à partir de nos expériences passées, de nos interactions avec les autres et de notre environnement. Elles peuvent être influencées par des messages négatifs que nous avons reçus dans notre enfance, des échecs passés ou des critiques constantes. Ces croyances peuvent prendre différentes formes, telles que "Je ne suis pas assez bon", "Je ne mérite pas le succès" ou "Je suis destiné à l'échec".

2.2.2 Identifier vos propres croyances limitantes

Pour surmonter les croyances limitantes, il est essentiel de les identifier et de les remettre en question. Prenez le temps de réfléchir à vos pensées et à vos comportements et essayez de repérer les schémas négatifs qui se répètent. Posez-vous des questions telles que "Quelles sont les pensées qui me limitent ?", "D'où viennent ces croyances ?" et "Sont-elles basées sur des faits réels ou sur des perceptions erronées ?".

2.2.3 Remettre en question les croyances limitantes

Une fois que vous avez identifié vos croyances limitantes, il est important de les remettre en question. Demandez-vous si ces croyances sont vraiment fondées sur des faits réels ou si elles sont simplement le résultat de perceptions erronées. Essayez de trouver des preuves contraires à ces croyances et de vous concentrer sur vos forces et vos réussites passées. Vous pouvez également demander l'avis d'amis proches, de membres de votre famille ou même d'un thérapeute pour obtenir une perspective extérieure.

2.2.4 Changer les croyances limitantes en croyances positives

Une fois que vous avez remis en question vos croyances limitantes, il est temps de les remplacer par des croyances positives et constructives. Identifiez les pensées négatives qui vous limitent et transformez-les en affirmations positives. Par exemple, si vous avez tendance à penser "Je ne suis pas assez intelligent pour réussir", remplacez cette pensée par "Je suis intelligent et capable de réussir dans tout ce que je entreprends". Répétez ces affirmations positives régulièrement pour renforcer votre nouvelle croyance en vous-même.

2.2.5 Faire face aux résistances internes

Il est important de reconnaître que changer nos croyances limitantes peut être un processus difficile et parfois inconfortable. Nous pouvons ressentir une résistance interne lorsque nous essayons de nous libérer de nos vieilles croyances. Cela peut être dû à la peur de l'inconnu, à la peur de l'échec ou à la peur du rejet. Il est essentiel de faire preuve de patience et de persévérance dans ce processus de transformation.

2.2.6 Faire appel à un thérapeute

Si vous avez du mal à surmonter vos croyances limitantes par vous-même, il peut être bénéfique de faire appel à un thérapeute. Les thérapeutes sont formés pour vous aider à identifier et à remettre en question vos croyances limitantes, et ils peuvent vous fournir des outils et des techniques pour les surmonter. Ils peuvent également vous aider à travailler sur d'autres problèmes sous-jacents qui peuvent contribuer à vos croyances limitantes, tels que l'estime de soi, la confiance en soi et la gestion des émotions.

En conclusion, les croyances limitantes peuvent être un obstacle majeur à notre confiance en soi. Cependant, en identifiant et en remettant en question ces croyances, nous pouvons commencer à construire une estime de soi solide. N'oubliez pas que ce processus peut prendre du temps et nécessiter de la patience, mais avec de la persévérance et éventuellement l'aide d'un thérapeute, vous pouvez surmonter vos croyances limitantes et développer une confiance inébranlable en vous-même.

2.3 Les peurs et les doutes

Les peurs et les doutes sont des obstacles majeurs qui peuvent entraver notre confiance en nous-mêmes. Ils peuvent nous empêcher de prendre des risques, de nous affirmer et de réaliser notre plein potentiel. Dans ce chapitre, nous allons explorer en profondeur ces deux aspects et découvrir comment les surmonter pour construire une estime de soi solide.

2.3.1 Comprendre les peurs

Les peurs sont des réactions naturelles face à des situations perçues comme menaçantes. Elles peuvent être liées à des expériences passées, à des croyances limitantes ou à des influences extérieures négatives. Les peurs peuvent prendre différentes formes, telles que la peur de l'échec, la peur du jugement des autres, la peur de l'inconnu, la peur du rejet, etc.

Il est important de reconnaître et de comprendre nos peurs afin de pouvoir les surmonter. Prenez le temps d'identifier les situations qui vous font ressentir de la peur et essayez de comprendre les raisons derrière ces réactions. Parfois, nos peurs sont irrationnelles et basées sur des scénarios imaginaires. En prenant conscience de cela, vous pourrez commencer à les remettre en question et à les affronter.

2.3.2 Faire face aux doutes

Les doutes sont des pensées négatives qui remettent en question nos capacités et notre valeur personnelle. Ils peuvent surgir lorsque nous nous fixons des objectifs ambitieux ou lorsque nous sommes confrontés à des situations nouvelles et inconnues. Les doutes peuvent nous faire croire que nous ne sommes pas assez bons, que nous allons échouer ou que nous ne méritons pas le succès.

Pour faire face aux doutes, il est essentiel de cultiver une attitude positive envers nous-mêmes. Apprenez à vous parler avec bienveillance et à vous encourager plutôt que de vous critiquer. Remplacez les pensées négatives par des affirmations positives et répétez-les régulièrement pour renforcer votre confiance en vous.

Il est également important de se rappeler que tout le monde a des doutes, même les personnes les plus confiantes. Les doutes font partie intégrante de notre parcours de croissance et de développement personnel. Acceptez-les comme une opportunité d'apprendre et de grandir, plutôt que de les voir comme des obstacles insurmontables.

2.3.3 Surmonter les peurs et les doutes

Surmonter les peurs et les doutes demande du courage et de la persévérance. Voici quelques stratégies qui peuvent vous aider dans ce processus :

1. Identifiez les pensées négatives : Prenez conscience des pensées qui alimentent vos peurs et vos doutes. Remettez-les en question et remplacez-les par des pensées positives et réalistes.
2. Affrontez vos peurs progressivement : Commencez par de petites actions qui vous mettent légèrement en dehors de votre zone de confort. À mesure que vous gagnez en confiance, vous pourrez vous confronter à des défis plus importants.

3. Visualisez le succès : Utilisez la visualisation positive pour vous imaginer en train de surmonter vos peurs et d'atteindre vos objectifs. Cette technique peut vous aider à renforcer votre confiance en vous et à vous préparer mentalement aux défis à venir.
4. Entourez-vous de soutien : Cherchez le soutien de personnes bienveillantes et encourageantes. Partagez vos peurs et vos doutes avec elles, et demandez-leur des conseils et du soutien.
5. Apprenez de vos échecs : Ne laissez pas les échecs vous décourager. Voyez-les comme des opportunités d'apprentissage et de croissance. Analysez ce qui n'a pas fonctionné, ajustez votre approche et continuez à avancer.
6. Faites preuve de compassion envers vous-même : Soyez doux et bienveillant envers vous-même lorsque vous faites face à des peurs et des doutes. Rappelez-vous que personne n'est parfait et que vous êtes en constante évolution.

En surmontant vos peurs et vos doutes, vous pourrez construire une estime de soi solide et développer une confiance inébranlable en vous-même. N'oubliez pas que cela demande du temps et de la pratique, mais les résultats en valent la peine. Soyez patient et persévérant, et vous verrez votre confiance en vous grandir jour après jour.

2.4 Les influences extérieures négatives

Les influences extérieures jouent un rôle crucial dans la construction de notre confiance en soi. Malheureusement, il arrive souvent que ces influences soient négatives et qu'elles sapent notre estime de nous-mêmes. Dans ce chapitre, nous allons explorer les différentes formes d'influences extérieures négatives et comment elles peuvent affecter notre confiance en soi.

2.4.1 Les critiques constantes

L'une des influences extérieures les plus néfastes pour notre confiance en soi est la critique constante. Que ce soit de la part de nos proches, de nos collègues ou même de la société en général, les critiques répétées peuvent éroder notre estime de nous-mêmes et nous faire douter de nos capacités. Les mots blessants et les jugements négatifs peuvent laisser des cicatrices profondes et nous faire perdre confiance en nos compétences et en notre valeur personnelle.

Il est important de reconnaître que les critiques des autres ne reflètent pas nécessairement notre véritable valeur. Il est essentiel de développer une résilience émotionnelle et de ne pas laisser les paroles négatives des autres nous définir. Apprendre à se protéger des critiques constantes et à se concentrer sur nos propres forces et réalisations peut nous aider à maintenir une confiance inébranlable.

2.4.2 Les comparaisons constantes

Une autre influence extérieure négative qui peut affecter notre confiance en soi est la tendance à se comparer constamment aux autres. Dans notre société axée sur la performance, il est facile de tomber dans le piège de la comparaison et de se sentir inférieur lorsque nous nous mesurons aux succès et aux réalisations des autres.

Il est important de se rappeler que chaque personne est unique et a ses propres talents et compétences. Se comparer aux autres ne fait que nourrir des sentiments d'insuffisance et de doute.

Au lieu de cela, nous devrions nous concentrer sur notre propre parcours et sur la façon dont nous pouvons nous améliorer en tant qu'individus. Cultiver la gratitude pour ce que nous avons déjà accompli et reconnaître nos propres progrès peut renforcer notre confiance en nous-mêmes.

2.4.3 Les relations toxiques

Les relations toxiques peuvent également avoir un impact significatif sur notre confiance en soi. Lorsque nous sommes entourés de personnes qui nous critiquent constamment, nous rabaissent ou nous manipulent, il est difficile de maintenir une estime de soi solide. Ces relations peuvent nous faire douter de nos propres capacités et nous faire sentir indigne d'amour et de respect.

Il est essentiel de reconnaître les signes d'une relation toxique et de prendre des mesures pour s'en éloigner. Cela peut impliquer de fixer des limites claires, de demander de l'aide professionnelle ou même de mettre fin à la relation si nécessaire. Se entourer de personnes positives et bienveillantes qui nous soutiennent et nous encouragent peut contribuer à renforcer notre confiance en nous-mêmes.

2.4.4 Les médias et les normes sociales

Les médias et les normes sociales jouent également un rôle important dans la construction de notre confiance en soi. Les images idéalisées de la beauté, de la réussite et du bonheur diffusées par les médias peuvent créer des attentes irréalistes et nous faire sentir insatisfait de nous-mêmes. Les normes sociales strictes et les pressions pour se conformer à un certain idéal peuvent également affecter notre confiance en nous-mêmes.

Il est important de prendre du recul par rapport à ces influences extérieures et de se rappeler que la véritable valeur réside dans notre authenticité et notre unicité. Apprendre à se détacher des normes sociales et à se concentrer sur nos propres valeurs et objectifs peut nous aider à développer une confiance inébranlable.

En conclusion, les influences extérieures négatives peuvent avoir un impact significatif sur notre confiance en soi. Il est essentiel de reconnaître ces influences et de prendre des mesures pour les contrer. En développant une résilience émotionnelle, en se concentrant sur nos propres forces et réalisations, en évitant les comparaisons constantes, en établissant des limites claires dans nos relations et en se détachant des normes sociales, nous pouvons construire une estime de soi solide et maintenir une confiance inébranlable.

Chapitre 3: Renforcer l'estime de soi

3.1 L'importance de l'estime de soi

L'estime de soi est un élément essentiel de notre bien-être émotionnel et mental. Elle joue un rôle crucial dans notre capacité à faire face aux défis de la vie, à prendre des décisions éclairées et à maintenir des relations saines. Une estime de soi solide nous permet de croire en nos compétences, de nous sentir dignes d'amour et de respect, et d'avoir confiance en nos capacités à atteindre nos objectifs.

L'estime de soi est souvent confondue avec la confiance en soi, mais il est important de comprendre la différence entre les deux. Alors que la confiance en soi se réfère à notre croyance en nos capacités à accomplir une tâche spécifique, l'estime de soi est une évaluation globale de notre valeur en tant qu'individu. Elle est basée sur notre perception de nous-mêmes, de nos compétences, de nos réalisations et de notre valeur intrinsèque.

Une estime de soi solide est le fondement d'une vie épanouissante et équilibrée. Elle nous permet de nous sentir en sécurité dans notre propre peau, d'exprimer nos besoins et nos opinions de manière assertive, et de maintenir des relations saines et épanouissantes. Lorsque nous avons une estime de soi solide, nous sommes moins susceptibles d'être affectés par les critiques et les jugements des autres, et nous sommes plus enclins à prendre des risques et à saisir les opportunités qui se présentent à nous.

Les recherches ont montré que l'estime de soi est étroitement liée à notre santé mentale et émotionnelle. Les personnes ayant une estime de soi élevée sont moins susceptibles de souffrir de dépression, d'anxiété et de stress. Elles sont également plus résilientes face aux difficultés de la vie et ont une meilleure capacité à faire face aux échecs et aux revers.

Les thérapeutes et les psychologues reconnaissent l'importance de l'estime de soi dans le processus de guérison et de développement personnel. Ils utilisent souvent des techniques et des approches spécifiques pour aider leurs patients à renforcer leur estime de soi. Parmi ces approches, on retrouve la thérapie cognitive-comportementale, qui vise à identifier et à modifier les schémas de pensée négatifs qui contribuent à une faible estime de soi. La thérapie par l'acceptation et l'engagement, quant à elle, encourage les individus à accepter leurs pensées et leurs émotions négatives tout en s'engageant dans des comportements alignés avec leurs valeurs.

Il est important de noter que renforcer son estime de soi ne signifie pas devenir arrogant ou égocentrique. Au contraire, une estime de soi solide est basée sur une évaluation réaliste de soi-même, de ses forces et de ses faiblesses. Elle implique de reconnaître et de célébrer nos réussites, tout en acceptant nos imperfections et en travaillant sur nos domaines d'amélioration.

Dans les prochains chapitres, nous explorerons différentes techniques et stratégies pour développer une estime de soi solide. Nous aborderons des sujets tels que la gratitude et l'acceptation de soi, la bienveillance envers soi-même, la visualisation positive et la gestion des émotions. En comprenant l'importance de l'estime de soi et en utilisant ces outils, vous serez en mesure de construire une confiance inébranlable en vous-même et de vivre une vie épanouissante et authentique.

3.2 Les techniques pour développer une estime de soi solide

Pour développer une estime de soi solide, il est essentiel de mettre en place des techniques et des pratiques régulières. Ces techniques vous aideront à renforcer votre confiance en vous et à cultiver une estime de soi positive. Voici quelques stratégies efficaces pour développer une estime de soi solide :

3.2.1 Pratiquer l'auto-compassion

L'auto-compassion est une pratique puissante pour développer une estime de soi solide. Elle consiste à se traiter avec bienveillance, à reconnaître ses propres limites et à accepter ses imperfections. Lorsque vous faites preuve d'auto-compassion, vous vous accordez la permission d'être humain et de faire des erreurs. Vous vous parlez à vous-même de la même manière que vous le feriez avec un ami cher, avec gentillesse et compréhension.

La thérapeute Kristin Neff explique que l'auto-compassion est composée de trois éléments clés : la bienveillance envers soi-même, la reconnaissance de notre humanité commune et la pleine conscience. En pratiquant l'auto-compassion, vous apprenez à vous soutenir et à vous encourager, même dans les moments difficiles. Cela renforce votre estime de soi et vous permet de faire face aux défis avec confiance.

3.2.2 Cultiver la gratitude

La gratitude est une pratique qui consiste à reconnaître et à apprécier les aspects positifs de votre vie. En cultivant la gratitude, vous vous concentrez sur ce qui va bien plutôt que sur ce qui ne va pas. Cela vous permet de développer une perspective positive et de renforcer votre estime de soi.

Prenez l'habitude de tenir un journal de gratitude dans lequel vous notez chaque jour trois choses pour lesquelles vous êtes reconnaissant. Cela peut être aussi simple que le sourire d'un ami, une belle journée ensoleillée ou une réussite personnelle. En vous concentrant sur les aspects positifs de votre vie, vous renforcez votre estime de soi et vous vous sentez plus confiant.

3.2.3 Pratiquer l'affirmation de soi

L'affirmation de soi est une technique qui vous permet d'exprimer vos besoins, vos opinions et vos limites de manière claire et respectueuse. En pratiquant l'affirmation de soi, vous renforcez votre estime de soi en vous affirmant en tant qu'individu unique et en reconnaissant votre valeur.

Pour pratiquer l'affirmation de soi, commencez par identifier vos besoins et vos limites. Ensuite, exprimez-les de manière assertive, en utilisant des phrases telles que "Je ressens..." ou "J'ai besoin de...". Soyez direct et respectueux dans votre communication. En pratiquant régulièrement l'affirmation de soi, vous renforcez votre confiance en vous et vous vous sentez plus à l'aise pour exprimer vos besoins et vos opinions.

3.2.4 Développer des compétences et des talents

Le développement de compétences et de talents est un moyen efficace de renforcer votre estime de soi. Lorsque vous vous engagez dans des activités qui vous passionnent et dans lesquelles vous excellez, vous renforcez votre confiance en vous et votre estime de soi.

Identifiez vos talents et vos intérêts et trouvez des moyens de les développer. Cela peut être en suivant des cours, en lisant des livres, en pratiquant régulièrement ou en cherchant des opportunités de mettre en pratique vos compétences. En développant vos talents, vous renforcez votre confiance en vous et vous vous sentez plus compétent dans différents domaines de votre vie.

3.2.5 Entourez-vous de personnes positives

L'environnement dans lequel vous évoluez a un impact significatif sur votre estime de soi. Il est important de vous entourer de personnes positives qui vous soutiennent et vous encouragent dans vos efforts. Évitez les personnes toxiques ou négatives qui sapent votre confiance en vous.

Identifiez les personnes de votre entourage qui vous soutiennent et vous inspirent. Passez du temps avec elles et partagez vos objectifs et vos aspirations. Leur soutien et leur encouragement renforceront votre estime de soi et vous aideront à maintenir une confiance inébranlable.

En mettant en pratique ces techniques, vous développerez une estime de soi solide et vous renforcerez votre confiance en vous. N'oubliez pas que le développement de l'estime de soi est un processus continu qui demande du temps et de la persévérance. Soyez patient avec vous-même et continuez à travailler sur votre confiance en vous. Vous méritez d'avoir une estime de soi solide et inébranlable.

3.3 La gratitude et l'acceptation de soi

La gratitude est la pratique de reconnaître et d'apprécier les aspects positifs de notre vie. Cela peut inclure des choses simples comme la nourriture que nous mangeons, les relations que nous entretenons et les réalisations que nous avons accomplies. En cultivant la gratitude, nous nous concentrons sur ce qui va bien dans notre vie plutôt que sur ce qui ne va pas. Cela nous aide à développer une perspective positive et à renforcer notre estime de soi.

L'acceptation de soi est la pratique de reconnaître et d'accepter pleinement qui nous sommes, avec nos forces et nos faiblesses. Cela signifie reconnaître nos imperfections et nos erreurs sans jugement ni critique. L'acceptation de soi nous permet de nous libérer de l'auto-évaluation négative et de développer une attitude bienveillante envers nous-mêmes.

En combinant la gratitude et l'acceptation de soi, nous pouvons renforcer notre estime de soi de manière significative. Voici quelques techniques pratiques pour cultiver la gratitude et l'acceptation de soi :

Pratiquer la gratitude quotidienne

Prenez quelques minutes chaque jour pour réfléchir aux choses pour lesquelles vous êtes reconnaissant. Cela peut être aussi simple que d'apprécier le soleil qui brille, la nourriture que vous avez mangée ou les moments de joie que vous avez vécus. Notez ces choses dans un journal de gratitude ou partagez-les avec quelqu'un de proche. La pratique régulière de la gratitude vous aidera à développer une attitude positive envers vous-même et votre vie.

Faire preuve de bienveillance envers soi-même

Traitez-vous avec la même gentillesse et la même compassion que vous le feriez avec un ami cher. Lorsque vous faites une erreur ou que vous vous sentez mal à l'aise, rappelez-vous que personne n'est parfait et que vous méritez d'être aimé et accepté tel que vous êtes. Parlez-vous avec des mots encourageants et évitez l'autocritique excessive. La bienveillance envers soi-même est un élément clé de l'acceptation de soi et de la construction d'une estime de soi solide.

Pratiquer l'auto-compassion

L'auto-compassion consiste à reconnaître et à accepter nos propres souffrances, tout en cultivant un sentiment de bienveillance envers nous-mêmes. Lorsque nous faisons face à des difficultés ou à des échecs, il est important de se rappeler que nous sommes humains et que nous méritons d'être traités avec compassion. Pratiquer l'auto-compassion nous aide à développer une estime de soi solide en nous permettant de nous soutenir et de nous encourager dans les moments difficiles.

Cultiver la gratitude dans les relations

Exprimez votre gratitude envers les personnes qui vous entourent. Remerciez-les pour leur soutien, leur amour et leur présence dans votre vie. En cultivant la gratitude dans vos relations, vous renforcez les liens avec les autres et vous vous sentez plus connecté et apprécié. Cela contribue également à renforcer votre estime de soi en vous rappelant que vous êtes entouré de personnes qui vous valorisent.

En pratiquant la gratitude et l'acceptation de soi, vous pouvez renforcer votre estime de soi et développer une confiance inébranlable. Ces techniques peuvent sembler simples, mais elles ont un impact profond sur notre bien-être émotionnel et mental. Prenez le temps d'incorporer ces pratiques dans votre vie quotidienne et observez les changements positifs qui se produisent.

3.4 La bienveillance envers soi-même

La bienveillance envers soi-même est une attitude positive et aimante envers soi-même. Cela signifie être gentil, compatissant et compréhensif envers nos propres erreurs, faiblesses et imperfections. La bienveillance envers soi-même est un élément clé pour développer une estime de soi solide, car elle nous permet de nous accepter tels que nous sommes et de nous traiter avec amour et respect.

3.4.1 Cultiver l'auto-compassion

L'auto-compassion est un concept qui a été largement étudié par les psychologues et les thérapeutes. Il s'agit de traiter nos propres souffrances et difficultés avec la même compassion et le même soutien que nous offririons à un ami cher. L'auto-compassion nous permet de nous pardonner nos erreurs, de nous encourager dans les moments difficiles et de nous rappeler que nous sommes dignes d'amour et de respect.

Pour cultiver l'auto-compassion, il est important de prendre conscience de notre dialogue intérieur. Souvent, nous sommes notre propre critique le plus sévère, nous nous jugeons et nous nous critiquons sans relâche. Il est essentiel de remplacer ces pensées négatives par des pensées positives et bienveillantes. Par exemple, au lieu de dire "Je suis tellement stupide d'avoir fait cette erreur", nous pouvons dire "Tout le monde fait des erreurs, je vais apprendre de celle ci et grandir".

3.4.2 Pratiquer l'auto-soin

Prendre soin de soi est une autre façon de manifester de la bienveillance envers soi-même. Cela implique de prendre le temps de se reposer, de se détendre et de se ressourcer. L'auto-soin peut prendre de nombreuses formes, que ce soit en prenant un bain relaxant, en lisant un livre inspirant, en pratiquant la méditation ou en faisant de l'exercice physique.

Il est important de se rappeler que l'auto-soin n'est pas égoïste, mais plutôt une nécessité pour maintenir notre bien-être émotionnel et mental. En prenant soin de nous-mêmes, nous sommes mieux équipés pour faire face aux défis de la vie et pour soutenir les autres de manière saine et équilibrée.

3.4.3 Pratiquer la gratitude envers soi-même

La gratitude envers soi-même consiste à reconnaître et à apprécier nos propres qualités, réalisations et efforts. Cela implique de se concentrer sur nos forces et nos succès plutôt que sur nos faiblesses et nos échecs. La pratique de la gratitude envers soi-même peut renforcer notre estime de soi en nous rappelant que nous avons de la valeur et que nous méritons d'être reconnus et appréciés.

Pour pratiquer la gratitude envers soi-même, il peut être utile de tenir un journal de gratitude. Chaque jour, prenez quelques minutes pour écrire trois choses que vous appréciez chez vous-même ou que vous avez accompli. Cela peut être aussi simple que "Je suis reconnaissant d'avoir pris le temps de prendre soin de moi aujourd'hui" ou "Je suis fier d'avoir terminé ce projet avec succès".

En conclusion, la bienveillance envers soi-même est un élément essentiel pour renforcer notre estime de soi. En cultivant l'auto-compassion, en pratiquant l'auto-soin et en développant la gratitude envers soi-même, nous pouvons construire une estime de soi solide et durable. N'oubliez pas que vous méritez d'être aimé, respecté et soutenu, et que vous avez le pouvoir de vous offrir cette bienveillance chaque jour.

3.5 La visualisation positive

La visualisation positive est une technique puissante qui peut aider à renforcer l'estime de soi et à développer une confiance inébranlable. Elle consiste à utiliser l'imagination pour créer des images mentales positives et inspirantes de soi-même et de ses objectifs. En visualisant régulièrement ces images, on peut reprogrammer notre esprit et renforcer notre confiance en nos capacités.

3.5.1 Les bases de la visualisation positive

La visualisation positive repose sur le principe que notre esprit ne fait pas de distinction entre ce qui est réel et ce qui est imaginé. En créant des images mentales positives, nous pouvons influencer notre subconscient et renforcer notre confiance en nous-mêmes. Cette technique est utilisée depuis longtemps par les athlètes de haut niveau, les artistes et les entrepreneurs pour atteindre leurs objectifs et surmonter les obstacles.

Pour commencer la visualisation positive, il est important de trouver un endroit calme et tranquille où vous pouvez vous détendre. Fermez les yeux et commencez à vous concentrer sur votre respiration. Laissez votre esprit se calmer et détendez-vous profondément.

3.5.2 Créer des images mentales positives

Une fois que vous êtes dans un état de relaxation profonde, commencez à créer des images mentales positives de vous-même. Imaginez-vous en train de réussir dans une situation qui vous met normalement mal à l'aise. Visualisez-vous en train de parler en public avec assurance et charisme, ou en train de réussir un projet important au travail.

Essayez de rendre ces images aussi détaillées et réalistes que possible. Imaginez les sons, les odeurs et les sensations physiques associées à ces situations. Plus vous pouvez rendre ces images vivantes dans votre esprit, plus elles auront un impact sur votre confiance en vous.

3.5.3 Répéter et renforcer la visualisation positive

La clé de la visualisation positive est la répétition. Plus vous pratiquez cette technique, plus elle devient efficace. Essayez de consacrer quelques minutes chaque jour à la visualisation positive. Vous pouvez le faire le matin au réveil ou le soir avant de vous coucher.

En répétant régulièrement vos images mentales positives, vous renforcez les connexions neuronales dans votre cerveau et vous conditionnez votre esprit à croire en votre potentiel. Avec le temps, vous constaterez que votre confiance en vous augmente et que vous êtes plus enclin à prendre des risques et à relever de nouveaux défis.

3.5.4 Combiner la visualisation positive avec d'autres techniques

La visualisation positive peut être encore plus puissante lorsqu'elle est combinée avec d'autres techniques de renforcement de l'estime de soi. Par exemple, vous pouvez utiliser la visualisation positive en conjonction avec la gratitude et l'acceptation de soi.

En pratiquant la gratitude, vous vous concentrez sur les aspects positifs de votre vie et vous appréciez ce que vous avez déjà. Cela renforce votre estime de soi et vous aide à développer une attitude positive envers vous-même. En combinant la gratitude avec la visualisation positive, vous créez une synergie qui renforce votre confiance en vous.

De même, la bienveillance envers soi-même est une autre technique qui peut être combinée avec la visualisation positive. En étant gentil et compatissant envers vous-même, vous renforcez votre amour-propre et votre confiance en vos capacités. La visualisation positive peut vous aider à vous voir sous un jour positif et à renforcer votre bienveillance envers vous-même.

3.5.5 Conclusion

La visualisation positive est une technique puissante pour renforcer l'estime de soi et développer une confiance inébranlable. En créant des images mentales positives de vous-même et de vos objectifs, vous conditionnez votre esprit à croire en votre potentiel. En combinant la visualisation positive avec d'autres techniques telles que la gratitude et la bienveillance envers soi-même, vous renforcez encore davantage votre confiance en vous. Pratiquez régulièrement la visualisation positive et observez les changements positifs qui se produisent dans votre vie.

3.6: La gestion des émotions

La gestion des émotions est un aspect essentiel de la construction d'une estime de soi solide. Nos émotions peuvent avoir un impact significatif sur notre confiance en nous-mêmes et sur notre capacité à faire face aux défis de la vie. Apprendre à reconnaître, comprendre et gérer nos émotions est donc essentiel pour renforcer notre confiance en nous-mêmes.

3.6.1 Reconnaître et comprendre nos émotions

Avant de pouvoir gérer nos émotions, il est important de les reconnaître et de les comprendre. Trop souvent, nous sommes submergés par nos émotions sans vraiment savoir ce qui les déclenche ou comment y faire face. Prendre le temps d'identifier et de comprendre nos émotions est le premier pas vers une gestion efficace.

Les émotions peuvent être classées en différentes catégories telles que la joie, la tristesse, la colère, la peur et la surprise. Chaque émotion a sa propre signification et peut être déclenchée par des situations spécifiques. Par exemple, la colère peut être causée par une injustice perçue, tandis que la tristesse peut résulter d'une perte ou d'un échec.

3.6.2 Pratiquer la pleine conscience

La pleine conscience est une pratique qui consiste à être pleinement conscient de nos émotions, de nos pensées et de nos sensations dans le moment présent, sans jugement. En cultivant la pleine conscience, nous pouvons développer une plus grande clarté et une meilleure compréhension de nos émotions.

La pleine conscience nous permet de prendre du recul par rapport à nos émotions et de les observer sans s'y identifier complètement. Cela nous donne la possibilité de choisir comment réagir plutôt que de réagir de manière automatique. Par exemple, au lieu de réagir impulsivement à la colère, nous pouvons prendre le temps de respirer profondément et de réfléchir à la meilleure façon de gérer la situation.

3.6.3 Pratiquer l'auto-compassion

L'auto-compassion est une attitude bienveillante envers soi-même, même lorsque nous faisons face à des émotions difficiles. Il s'agit de reconnaître que nous sommes humains et que nous avons le droit de ressentir des émotions, même celles qui sont désagréables. L'auto-compassion nous permet de nous soutenir et de nous réconforter dans les moments difficiles.

Lorsque nous faisons preuve d'auto-compassion, nous nous traitons avec gentillesse et compréhension plutôt que de nous critiquer ou de nous juger. Nous reconnaissons que nos émotions sont valides et que nous méritons d'être aimés et acceptés, même lorsque nous faisons face à des difficultés.

3.6.4 Développer des stratégies de gestion des émotions

Une fois que nous avons reconnu et compris nos émotions, il est important de développer des stratégies de gestion des émotions pour faire face aux situations difficiles. Voici quelques techniques qui peuvent nous aider à gérer nos émotions de manière saine et constructive :

- La respiration profonde : prendre quelques instants pour respirer profondément peut nous aider à nous calmer et à réduire le stress.

- L'expression émotionnelle : trouver des moyens sains d'exprimer nos émotions, comme écrire dans un journal ou parler à un ami de confiance.
- La relaxation : pratiquer des techniques de relaxation, comme la méditation ou le yoga, peut nous aider à réduire le stress et à calmer nos émotions.
- La distraction : s'engager dans des activités agréables ou distrayantes peut nous aider à changer notre état émotionnel et à nous sentir mieux.
- La recherche de soutien : parler à un thérapeute ou à un professionnel de la santé mentale peut nous aider à développer des stratégies de gestion des émotions adaptées à nos besoins spécifiques.

En développant ces stratégies et en les pratiquant régulièrement, nous pouvons renforcer notre confiance en nous-mêmes et améliorer notre capacité à faire face aux émotions difficiles.

La gestion des émotions est un processus continu qui demande du temps et de la pratique. Il est important de se rappeler que nous avons le pouvoir de choisir comment réagir face à nos émotions et que nous pouvons développer une confiance inébranlable en nous-mêmes en apprenant à gérer nos émotions de manière saine et constructive.

Chapitre 4 : La communication assertive

La communication assertive est un élément essentiel de la confiance en soi. Elle permet d'exprimer ses besoins, ses opinions et ses limites de manière claire et respectueuse. Dans ce chapitre, nous allons explorer les bases de la communication assertive et son importance dans les relations interpersonnelles.

4.1 Les bases de la communication assertive

La communication assertive est un style de communication qui favorise l'expression de soi tout en respectant les droits et les opinions des autres. Elle se situe entre deux extrêmes : l'agressivité et la passivité. Contrairement à l'agressivité, qui implique de dominer les autres et de ne pas respecter leurs droits, la communication assertive permet de s'affirmer sans violer les droits des autres. Contrairement à la passivité, qui implique de ne pas exprimer ses besoins et ses opinions, la communication assertive permet de les exprimer de manière claire et directe.

La communication assertive repose sur plusieurs principes fondamentaux :

1. L'expression de soi : La communication assertive consiste à exprimer ses besoins, ses opinions et ses émotions de manière honnête et directe. Cela implique d'être conscient de ses propres sentiments et de les communiquer de manière claire et respectueuse.
2. Le respect des autres : La communication assertive implique de respecter les droits et les opinions des autres. Cela signifie écouter activement les autres, reconnaître leurs sentiments et leurs besoins, et éviter de les juger ou de les critiquer.
3. La recherche de solutions gagnant-gagnant : La communication assertive vise à trouver des solutions qui satisfont les besoins de toutes les parties impliquées. Cela implique d'être ouvert à la négociation, à la collaboration et à la recherche de compromis.
4. La gestion des émotions : La communication assertive nécessite la capacité de gérer ses propres émotions et de les exprimer de manière appropriée. Cela implique de reconnaître et

de réguler ses émotions, de les exprimer de manière constructive et de ne pas laisser les émotions négatives prendre le dessus.

La communication assertive peut être utilisée dans de nombreuses situations, que ce soit au travail, dans les relations amoureuses, en famille ou dans d'autres contextes sociaux. Elle permet d'établir des relations saines et équilibrées, de résoudre les conflits de manière constructive et de renforcer la confiance en soi.

La communication assertive peut être apprise et développée par chacun. Il existe des techniques et des exercices qui peuvent aider à améliorer ses compétences en communication assertive. Dans les prochains chapitres, nous explorerons ces techniques et nous verrons comment les appliquer dans différentes situations de la vie quotidienne.

La communication assertive est un outil puissant pour renforcer la confiance en soi. En s'exprimant de manière claire et respectueuse, on renforce sa propre estime de soi et on favorise des relations harmonieuses avec les autres. En développant ses compétences en communication assertive, on peut construire une confiance inébranlable et une estime de soi solide.

4.2 L'expression de ses besoins et de ses limites

L'expression de ses besoins et de ses limites est un aspect essentiel de la communication assertive. Cela implique d'être capable de communiquer clairement ce que l'on souhaite ou ce dont on a besoin, tout en respectant les besoins et les limites des autres. C'est une compétence qui peut être développée et qui contribue grandement à renforcer la confiance en soi.

4.2.1 Identifier ses besoins

Avant de pouvoir exprimer ses besoins, il est important de les identifier. Beaucoup de personnes ont du mal à reconnaître et à articuler leurs besoins, car elles ont été conditionnées à penser que leurs besoins ne sont pas importants ou qu'ils ne seront pas pris en compte. Cependant, il est essentiel de se connecter à ses besoins fondamentaux pour pouvoir les exprimer de manière assertive.

Pour identifier ses besoins, il peut être utile de prendre du temps pour réfléchir à ce qui est vraiment important pour soi. Quels sont les aspects de votre vie qui vous apportent de la satisfaction et du bonheur ? Quels sont les domaines où vous ressentez un manque ou une insatisfaction ? En prenant conscience de ces éléments, vous pourrez mieux comprendre vos besoins et les exprimer de manière claire et précise.

4.2.2 Communiquer ses besoins de manière assertive

Une fois que vous avez identifié vos besoins, il est temps de les communiquer de manière assertive. Cela signifie exprimer vos besoins de manière claire, directe et respectueuse. Voici quelques conseils pour vous aider à communiquer vos besoins de manière assertive :

1. Utilisez des phrases "Je" : Au lieu de blâmer ou de critiquer les autres, exprimez vos besoins en utilisant des phrases commençant par "Je". Par exemple, au lieu de dire "Tu ne m'écoutes jamais", dites plutôt "Je me sens ignoré lorsque je ne suis pas écouté".

2. Soyez spécifique : Essayez d'être aussi précis que possible lorsque vous exprimez vos besoins. Évitez les généralités et donnez des exemples concrets pour illustrer ce que vous voulez dire.
3. Restez calme et respectueux : Même si vous êtes frustré ou contrarié, essayez de rester calme et respectueux lorsque vous exprimez vos besoins. Évitez les attaques personnelles ou les critiques et concentrez-vous sur la situation ou le comportement spécifique qui vous pose problème.
4. Écoutez également les besoins des autres : La communication assertive implique également d'être à l'écoute des besoins des autres. Soyez ouvert à la discussion et prêt à trouver des compromis qui répondent aux besoins de toutes les parties impliquées.

4.2.3 Définir ses limites

En plus d'exprimer ses besoins, il est également important de définir ses limites. Les limites sont les lignes que vous tracez pour vous-même afin de protéger votre bien-être émotionnel, mental et physique. Elles vous aident à établir ce que vous êtes prêt à accepter ou à tolérer dans vos relations et vos interactions avec les autres.

Pour définir vos limites, il est important de prendre en compte vos valeurs, vos besoins et vos préférences personnelles. Réfléchissez à ce qui est acceptable pour vous et à ce qui ne l'est pas. Quels sont les comportements ou les situations qui vous mettent mal à l'aise ? Quelles sont les choses que vous ne voulez pas tolérer dans vos relations ?

Une fois que vous avez identifié vos limites, il est essentiel de les communiquer clairement aux autres. Cela peut impliquer de dire "non" lorsque vous ne vous sentez pas à l'aise ou de demander à ce que vos limites soient respectées. N'oubliez pas que vous avez le droit de définir vos propres limites et de les faire respecter.

En conclusion, l'expression de ses besoins et de ses limites est un aspect crucial de la communication assertive. Cela vous permet de vous affirmer, de renforcer votre confiance en vous et de maintenir des relations saines et équilibrées. En identifiant vos besoins, en les communiquant de manière assertive et en définissant vos limites, vous serez en mesure de construire une estime de soi solide et de développer des relations plus épanouissantes.

4.3 La gestion des conflits

La gestion des conflits est un aspect essentiel de la communication assertive et de la construction d'une confiance en soi solide. Les conflits peuvent survenir dans toutes les sphères de notre vie, que ce soit au travail, dans nos relations amoureuses, ou même au sein de notre famille. Apprendre à gérer ces conflits de manière constructive est donc essentiel pour maintenir des relations saines et épanouissantes.

4.3.1 Comprendre les sources de conflit

Avant de pouvoir gérer efficacement les conflits, il est important de comprendre les sources de ces conflits. Les conflits peuvent être causés par des différences d'opinions, des valeurs contradictoires, des attentes non satisfaites, ou même des malentendus. Il est également important de reconnaître que les conflits peuvent être une opportunité de croissance et de compréhension mutuelle.

4.3.2 Écouter activement

L'une des clés pour gérer les conflits de manière constructive est d'apprendre à écouter activement. Cela signifie être pleinement présent et attentif à ce que l'autre personne dit, sans interrompre ou juger. Lorsque nous écoutons activement, nous montrons à l'autre personne que nous la respectons et que nous sommes disposés à comprendre son point de vue. Cela crée un espace de dialogue ouvert et favorise la résolution des conflits.

4.3.3 Exprimer ses émotions de manière assertive

Lorsque nous sommes confrontés à un conflit, il est important d'exprimer nos émotions de manière assertive. Cela signifie communiquer nos sentiments de manière claire et respectueuse, sans attaquer ou blâmer l'autre personne. En exprimant nos émotions de manière assertive, nous favorisons une communication ouverte et honnête, ce qui peut contribuer à la résolution du conflit.

4.3.4 Trouver des solutions gagnant-gagnant

L'objectif de la gestion des conflits n'est pas de gagner ou de perdre, mais plutôt de trouver des solutions gagnant-gagnant. Cela signifie rechercher des solutions qui répondent aux besoins et aux intérêts de toutes les parties impliquées. Il peut être utile de faire preuve de créativité et de flexibilité pour trouver des solutions qui satisfont tout le monde. La collaboration et la recherche de compromis sont des compétences essentielles pour gérer efficacement les conflits.

4.3.5 Faire appel à un médiateur

Dans certains cas, il peut être utile de faire appel à un médiateur neutre pour aider à résoudre un conflit. Un médiateur est une personne formée à faciliter la communication entre les parties en conflit et à les aider à trouver des solutions mutuellement acceptables. Faire appel à un médiateur peut être particulièrement bénéfique lorsque les émotions sont élevées et que la communication directe entre les parties est difficile.

4.3.6 Apprendre à pardonner

Le pardon est un élément essentiel de la gestion des conflits. Apprendre à pardonner ne signifie pas oublier ou minimiser les blessures causées, mais plutôt choisir de ne plus laisser ces blessures dicter nos actions et nos émotions. Le pardon nous libère du fardeau de la rancune et nous permet de reconstruire des relations saines et harmonieuses.

4.3.7 Pratiquer la gestion du stress

La gestion du stress est également importante dans la gestion des conflits. Lorsque nous sommes stressés, nous avons tendance à réagir de manière plus agressive ou défensive, ce qui peut aggraver les conflits. Apprendre des techniques de gestion du stress, telles que la respiration profonde, la méditation ou l'exercice physique, peut nous aider à rester calmes et à aborder les conflits de manière plus constructive.

4.3.8 Apprendre de chaque conflit

Enfin, il est important de voir chaque conflit comme une opportunité d'apprentissage et de croissance personnelle. Chaque conflit nous offre la possibilité de mieux comprendre nos propres besoins, nos limites et nos valeurs, ainsi que celles des autres. En tirant des leçons de chaque conflit, nous devenons plus conscients de nous-mêmes et de nos interactions avec les autres, ce qui renforce notre confiance en nous et notre capacité à gérer les conflits à l'avenir.

La gestion des conflits est un processus continu qui demande de la pratique et de la patience. En développant ces compétences, vous serez en mesure de gérer les conflits de manière constructive, de maintenir des relations saines et de renforcer votre confiance en vous-même.

4.4 La confiance en soi dans les relations interpersonnelles

La confiance en soi joue un rôle essentiel dans nos relations interpersonnelles. Elle influence la façon dont nous nous engageons avec les autres, comment nous exprimons nos besoins et limites, et comment nous gérons les conflits. Une confiance en soi solide est donc essentielle pour établir des relations saines et épanouissantes.

4.4.1 L'importance de la confiance en soi dans les relations interpersonnelles

La confiance en soi est un élément clé dans la construction de relations interpersonnelles positives. Lorsque nous avons confiance en nous-mêmes, nous sommes plus à l'aise pour nous ouvrir aux autres, pour exprimer nos opinions et nos émotions de manière authentique. Cela crée un environnement de confiance mutuelle, où les autres se sentent également en sécurité pour partager leurs propres pensées et sentiments.

La confiance en soi nous permet également de fixer des limites claires et de communiquer nos besoins de manière assertive. Lorsque nous sommes conscients de nos propres valeurs et de ce qui est important pour nous, nous sommes mieux équipés pour établir des relations équilibrées et respectueuses. Cela nous permet de maintenir des relations saines et de prévenir les situations où nous pourrions être exploités ou maltraités.

4.4.2 La communication et l'expression de ses besoins

La communication est un aspect essentiel des relations interpersonnelles. Lorsque nous avons confiance en nous-mêmes, nous sommes plus enclins à exprimer nos besoins, nos désirs et nos limites de manière claire et respectueuse. Cela permet aux autres de mieux nous comprendre et de répondre à nos attentes.

Il est important de développer des compétences en communication assertive pour renforcer notre confiance en nous-mêmes dans les relations interpersonnelles. Cela implique d'apprendre à exprimer nos pensées et nos sentiments de manière directe, honnête et respectueuse, tout en maintenant une écoute active envers les autres. La communication assertive favorise une meilleure compréhension mutuelle et une résolution efficace des conflits.

4.4.3 La confiance en soi après une rupture

Les relations amoureuses peuvent être une source de joie et d'épanouissement, mais elles peuvent aussi être éprouvantes et parfois se terminer par une rupture. Après une rupture, il est normal de ressentir une baisse de confiance en soi. Cependant, il est important de se rappeler que notre valeur personnelle ne dépend pas de nos relations passées.

Pour retrouver confiance en soi après une rupture, il est essentiel de prendre du temps pour se guérir et se reconstruire. Cela peut impliquer de se donner le temps de pleurer et de faire face à ses émotions, de se reconnecter avec ses passions et ses intérêts personnels, et de se rappeler de ses forces et de ses réalisations passées. Il peut également être bénéfique de chercher le soutien d'amis proches, de membres de la famille ou d'un thérapeute pour traverser cette période difficile.

4.4.4 La confiance en soi pour construire une relation épanouissante

La confiance en soi est un ingrédient essentiel pour construire une relation épanouissante. Lorsque nous avons confiance en nous-mêmes, nous sommes plus enclins à être authentiques, à exprimer nos besoins et nos désirs, et à être ouverts à l'intimité émotionnelle. Cela crée un environnement de confiance mutuelle et de soutien, où les deux partenaires peuvent se sentir en sécurité pour être eux-mêmes.

Pour construire une relation épanouissante, il est important de travailler sur notre confiance en nous-mêmes. Cela peut impliquer de développer une estime de soi solide, de travailler sur nos croyances limitantes et nos peurs, et de cultiver une communication ouverte et honnête avec notre partenaire. Il est également essentiel de se rappeler que la confiance en soi est un processus continu et qu'il est normal de faire face à des hauts et des bas tout au long de notre parcours.

En conclusion, la confiance en soi joue un rôle crucial dans nos relations interpersonnelles. Elle nous permet d'établir des relations saines et épanouissantes, de communiquer nos besoins et nos limites de manière assertive, de surmonter les ruptures et de construire des relations épanouissantes. En travaillant sur notre confiance en nous-mêmes, nous pouvons améliorer nos relations et vivre une vie plus épanouissante sur le plan personnel et social.

Chapitre 5 : La confiance en soi au travail

5.1 La confiance en soi dans le milieu professionnel

La confiance en soi joue un rôle essentiel dans le milieu professionnel. Elle est la clé pour réussir et s'épanouir dans sa carrière. Lorsque nous avons confiance en nos compétences et en notre valeur, nous sommes plus susceptibles de prendre des initiatives, de relever des défis et de saisir les opportunités qui se présentent à nous. Cependant, il est courant de ressentir des doutes et des incertitudes au travail, ce qui peut affecter notre confiance en nous-mêmes. Dans cette section, nous explorerons les différentes facettes de la confiance en soi dans le milieu professionnel et les stratégies pour la renforcer.

5.1.1 L'importance de la confiance en soi au travail

La confiance en soi est essentielle pour réussir dans sa carrière. Lorsque nous avons confiance en nos compétences et en notre capacité à accomplir nos tâches, nous sommes plus susceptibles de prendre des initiatives et de relever des défis. La confiance en soi nous permet également de faire face aux échecs et aux revers avec résilience, en nous permettant de rebondir et de continuer à avancer.

Une étude réalisée par le psychologue Albert Bandura a montré que les personnes qui ont une confiance en soi élevée sont plus susceptibles de fixer des objectifs ambitieux et de les atteindre. Ils sont également plus résilients face à l'adversité et sont capables de gérer le stress et la pression liés au travail de manière plus efficace.

5.1.2 La gestion du stress et de la pression

Le stress et la pression font partie intégrante de la vie professionnelle. Cependant, lorsque nous manquons de confiance en nous-mêmes, ces facteurs peuvent devenir accablants et affecter notre performance. Il est donc essentiel de développer des stratégies pour gérer le stress et la pression au travail.

Une des premières étapes pour gérer le stress est de reconnaître et d'accepter nos limites. Il est important de se rappeler que nous ne pouvons pas tout faire et que demander de l'aide n'est pas un signe de faiblesse, mais plutôt de force. En identifiant nos sources de stress et en cherchant des solutions pratiques, nous pouvons réduire leur impact sur notre bien-être et notre confiance en nous-mêmes.

La pratique de techniques de relaxation, telles que la respiration profonde, la méditation ou le yoga, peut également être bénéfique pour réduire le stress et la pression. Ces techniques nous aident à nous recentrer, à calmer notre esprit et à retrouver notre confiance en nous-mêmes.

5.1.3 La prise de parole en public

La prise de parole en public est souvent une source de stress et d'anxiété pour de nombreuses personnes. Cependant, lorsque nous avons confiance en nous-mêmes, nous sommes plus à l'aise pour prendre la parole devant un public et pour exprimer nos idées de manière claire et convaincante.

Pour renforcer notre confiance en nous-mêmes en matière de prise de parole en public, il est important de se préparer adéquatement. Cela implique de bien connaître son sujet, de s'entraîner à l'avance et de se familiariser avec les techniques de communication efficaces. En pratiquant régulièrement la prise de parole en public, nous pouvons développer notre confiance en nos compétences et en notre capacité à communiquer avec assurance.

5.1.4 La confiance en soi pour atteindre ses objectifs professionnels

La confiance en soi est un élément clé pour atteindre ses objectifs professionnels. Lorsque nous croyons en nos capacités et en notre potentiel, nous sommes plus motivés pour travailler dur et persévérer face aux obstacles.

Pour renforcer notre confiance en nous-mêmes et atteindre nos objectifs professionnels, il est important de fixer des objectifs réalistes et réalisables. En décomposant nos objectifs en étapes plus petites et en célébrant nos réussites le long du chemin, nous renforçons notre confiance en nos capacités.

Il est également important de cultiver un état d'esprit positif et de pratiquer l'auto-compassion. Lorsque nous faisons face à des échecs ou à des revers, il est essentiel de ne pas nous juger trop durement et de nous rappeler que nous sommes humains. En développant une attitude bienveillante envers nous-mêmes, nous renforçons notre confiance en nous-mêmes et notre capacité à surmonter les obstacles.

En conclusion, la confiance en soi joue un rôle crucial dans le milieu professionnel. Elle nous permet de prendre des initiatives, de gérer le stress et la pression, de prendre la parole en public et d'atteindre nos objectifs professionnels. En développant notre confiance en nous-mêmes, nous pouvons construire une carrière solide et épanouissante.

5.2 La gestion du stress et de la pression

La gestion du stress et de la pression est un aspect essentiel de la confiance en soi au travail. Lorsque nous sommes confrontés à des situations stressantes ou à une pression intense, il est facile de perdre confiance en nos capacités et de douter de nous-mêmes. Cependant, il existe des techniques efficaces pour gérer le stress et la pression, et ainsi maintenir une confiance inébranlable dans le milieu professionnel.

5.2.1 Comprendre le stress et la pression

Avant de pouvoir gérer le stress et la pression, il est important de comprendre leur impact sur notre confiance en soi. Le stress est une réaction naturelle du corps face à une situation perçue comme menaçante ou difficile. Il peut se manifester physiquement, émotionnellement et mentalement, et peut avoir un impact négatif sur notre estime de soi. La pression, quant à elle, est souvent liée aux attentes élevées que nous avons envers nous-mêmes ou celles imposées par notre environnement professionnel.

5.2.2 Techniques de gestion du stress

Pour gérer le stress et la pression, il est important de développer des techniques adaptées à nos besoins individuels. Voici quelques stratégies efficaces :

5.2.2.1 La respiration profonde

La respiration profonde est une technique simple mais puissante pour réduire le stress et calmer l'esprit. Prenez quelques instants pour vous concentrer sur votre respiration, en inspirant profondément par le nez et en expirant lentement par la bouche. Cette pratique permet de détendre le corps et de réduire les tensions.

5.2.2.2 La gestion du temps

La gestion efficace du temps peut contribuer à réduire le stress et la pression au travail. Organisez votre emploi du temps de manière à avoir des périodes dédiées aux tâches prioritaires, mais aussi des moments de repos et de détente. Établissez des objectifs réalistes et fixez-vous des délais raisonnables pour éviter de vous sentir submergé.

5.2.2.3 L'exercice physique

L'exercice physique régulier est un excellent moyen de réduire le stress et d'améliorer la confiance en soi. Lorsque nous faisons de l'exercice, notre corps libère des endorphines, des hormones du bien-être qui favorisent une sensation de calme et de satisfaction. Trouvez une activité physique qui vous plaît et intégrez-la dans votre routine quotidienne.

5.2.2.4 La relaxation et la méditation

La relaxation et la méditation sont des pratiques qui aident à calmer l'esprit et à réduire le stress. Prenez quelques minutes chaque jour pour vous détendre et vous recentrer. Vous pouvez utiliser des techniques de relaxation musculaire progressive, de visualisation ou de méditation guidée pour vous aider à vous relaxer et à retrouver votre confiance en vous.

5.2.3 Gérer la pression professionnelle

En plus de gérer le stress, il est important de développer des compétences pour faire face à la pression professionnelle. Voici quelques conseils pour y parvenir :

5.2.3.1 Fixer des objectifs réalistes

Lorsque vous vous fixez des objectifs, assurez-vous qu'ils soient réalistes et atteignables. Établissez des étapes intermédiaires pour mesurer votre progression et célébrer vos réussites. Cela vous permettra de maintenir votre confiance en vous et de rester motivé.

5.2.3.2 Apprendre à déléguer

La délégation est une compétence essentielle pour gérer la pression au travail. Identifiez les tâches qui peuvent être confiées à d'autres personnes et apprenez à leur faire confiance. Cela vous permettra de vous concentrer sur les tâches les plus importantes et de réduire votre charge de travail.

5.2.3.3 Établir des limites

Il est important d'établir des limites claires pour préserver votre équilibre entre vie professionnelle et vie personnelle. Apprenez à dire non lorsque vous êtes surchargé de travail et à vous accorder des moments de repos et de détente. Cela vous permettra de maintenir votre énergie et votre confiance en vous.

5.2.3.4 Cultiver un réseau de soutien

Avoir un réseau de soutien au travail peut être extrêmement bénéfique pour gérer la pression. Entourez-vous de collègues positifs et encourageants, avec qui vous pouvez partager vos préoccupations et vos réussites. Le soutien mutuel peut vous aider à maintenir votre confiance en vous, même dans les moments les plus difficiles.

En développant des techniques de gestion du stress et de la pression, vous serez en mesure de maintenir une confiance inébranlable au travail. N'oubliez pas que la confiance en soi est un processus continu, et qu'il est important de prendre soin de vous-même et de vous accorder du temps pour vous ressourcer.

5.3 La prise de parole en public

La prise de parole en public est souvent considérée comme l'une des plus grandes peurs de nombreuses personnes. Que ce soit lors d'une présentation professionnelle, d'une conférence ou même lors d'un discours lors d'un événement social, il est normal de ressentir une certaine appréhension. Cependant, il est possible de développer la confiance en soi nécessaire pour parler en public de manière efficace et convaincante.

5.3.1 Préparation et pratique

La préparation est la clé pour réussir une prise de parole en public. Avant de monter sur scène, il est important de bien connaître son sujet et de se familiariser avec le contenu de son discours. Faites des recherches approfondies, rassemblez des faits et des exemples pertinents, et organisez vos idées de manière logique.

Une fois que vous avez préparé votre discours, il est essentiel de le pratiquer. Répétez-le à voix haute plusieurs fois, de préférence devant un miroir ou devant un public restreint. Cela vous permettra de vous familiariser avec le contenu de votre discours, d'améliorer votre diction et de gagner en confiance.

5.3.2 La gestion du stress et de l'anxiété

La prise de parole en public peut être stressante, mais il est important de gérer ce stress de manière efficace. Avant votre discours, prenez le temps de vous détendre et de vous concentrer sur votre respiration. La respiration profonde peut aider à calmer les nerfs et à réduire l'anxiété.

Il est également utile de visualiser le succès. Imaginez-vous en train de donner un discours confiant et convaincant, recevant des applaudissements chaleureux de votre public. Cette visualisation positive peut renforcer votre confiance en vous et réduire le stress.

5.3.3 Utiliser le langage corporel

Le langage corporel joue un rôle crucial dans la prise de parole en public. Une posture droite et ouverte transmet confiance et autorité. Gardez les épaules détendues, la tête haute et maintenez un contact visuel avec votre public.

Utilisez également des gestes naturels pour renforcer vos propos. Des gestes mesurés et appropriés peuvent aider à captiver l'attention de votre public et à renforcer votre message.

5.3.4 Engager le public

Pour captiver votre public, il est important de les engager dès le début de votre discours. Commencez par une anecdote intéressante, une question provocante ou une citation inspirante. Cela permettra de susciter l'intérêt et de créer une connexion avec votre auditoire.

Pendant votre discours, n'hésitez pas à poser des questions rhétoriques pour encourager la réflexion et l'interaction. Utilisez également des exemples concrets et des histoires personnelles pour rendre votre discours plus vivant et mémorable.

5.3.5 Gérer les imprévus

Lorsque vous parlez en public, il est possible que des imprévus se produisent. Que ce soit un problème technique, une interruption ou une question inattendue, il est important de rester calme et de gérer la situation avec confiance.

Si vous êtes confronté à un problème technique, prenez quelques instants pour résoudre le problème ou demandez de l'aide à un technicien. Si vous êtes interrompu, restez courtois et répondez de manière concise avant de reprendre votre discours.

Lorsqu'on vous pose une question inattendue, prenez le temps de réfléchir avant de répondre. Si vous ne connaissez pas la réponse, n'ayez pas peur de le dire honnêtement. Vous pouvez toujours promettre de fournir des informations supplémentaires après votre discours.

5.3.6 Apprendre de chaque expérience

Chaque prise de parole en public est une occasion d'apprendre et de grandir. Après chaque discours, prenez le temps de réfléchir à ce qui a bien fonctionné et à ce que vous pourriez améliorer. Demandez des commentaires à des personnes de confiance ou enregistrez votre discours pour l'analyser plus tard.

Utilisez ces retours d'expérience pour vous améliorer continuellement. Identifiez vos forces et travaillez sur vos faiblesses. Avec le temps, vous développerez une confiance en vous solide et vous serez capable de parler en public avec aisance et assurance.

La prise de parole en public peut sembler intimidante, mais avec une préparation adéquate, la gestion du stress, l'utilisation du langage corporel, l'engagement du public, la gestion des imprévus et l'apprentissage continu, vous pouvez développer une confiance inébranlable dans vos capacités de communication.

5.4 La confiance en soi pour atteindre ses objectifs professionnels

La confiance en soi est un élément essentiel pour atteindre ses objectifs professionnels. Lorsque nous avons confiance en nos capacités, nous sommes plus enclins à prendre des risques, à saisir les opportunités et à persévérer face aux obstacles. Cependant, il est important de comprendre que la confiance en soi ne se construit pas du jour au lendemain, mais qu'elle nécessite un travail constant et une prise de conscience de nos propres compétences et talents.

5.4.1 Identifier ses objectifs professionnels

Avant de pouvoir atteindre ses objectifs professionnels, il est important de les identifier clairement. Prenez le temps de réfléchir à ce que vous souhaitez accomplir dans votre carrière. Qu'il s'agisse d'obtenir une promotion, de changer de domaine d'activité ou de créer votre propre entreprise, définissez des objectifs spécifiques et réalistes. Une fois que vous avez identifié vos objectifs, vous pouvez commencer à travailler sur la confiance en soi nécessaire pour les atteindre.

5.4.2 Reconnaître ses compétences et ses talents

Pour développer une confiance en soi solide, il est important de reconnaître et de valoriser ses compétences et ses talents. Prenez le temps de réfléchir à vos réalisations passées et aux compétences que vous avez développées tout au long de votre parcours professionnel. Faites une liste de vos forces et de vos réalisations, et rappelez-vous régulièrement de ces réussites. Cela vous aidera à renforcer votre confiance en vous et à vous rappeler que vous êtes capable d'atteindre vos objectifs professionnels.

5.4.3 Fixer des objectifs réalistes et mesurables

Lorsque vous définissez vos objectifs professionnels, assurez-vous qu'ils sont réalistes et mesurables. Fixer des objectifs trop élevés ou vagues peut être décourageant et nuire à votre confiance en vous. Au lieu de cela, décomposez vos objectifs en étapes plus petites et plus réalisables. Cela vous permettra de mesurer votre progression et de célébrer vos réussites à chaque étape, renforçant ainsi votre confiance en vous.

5.4.4 Cultiver une mentalité positive

La confiance en soi est étroitement liée à notre état d'esprit. Cultiver une mentalité positive est donc essentiel pour renforcer notre confiance en nous-mêmes. Évitez les pensées négatives et les auto-critiques, et remplacez-les par des affirmations positives. Répétez-vous régulièrement des phrases telles que "Je suis compétent et capable d'atteindre mes objectifs" ou "Je mérite le succès professionnel". En cultivant une mentalité positive, vous renforcerez votre confiance en vous et vous serez plus enclin à prendre des mesures pour atteindre vos objectifs professionnels.

5.4.5 Se former et se perfectionner

Pour atteindre ses objectifs professionnels, il est important de continuer à se former et à se perfectionner. Identifiez les compétences et les connaissances dont vous avez besoin pour progresser dans votre carrière et cherchez des opportunités de formation et de développement professionnel. En acquérant de nouvelles compétences et en vous tenant à jour dans votre domaine, vous renforcerez votre confiance en vous et vous serez mieux préparé pour atteindre vos objectifs professionnels.

5.4.6 S'appuyer sur le soutien des autres

Ne sous-estimez pas l'importance du soutien des autres dans le développement de votre confiance en vous. Entourez-vous de personnes positives et encourageantes qui croient en vous et en vos capacités. Partagez vos objectifs professionnels avec ces personnes et demandez-leur leur soutien. Leur encouragement et leurs conseils peuvent vous aider à renforcer votre confiance en vous et à vous motiver à atteindre vos objectifs.

5.4.7 Faire face aux échecs et aux obstacles

Il est important de comprendre que les échecs et les obstacles font partie intégrante du parcours professionnel. Ne laissez pas ces échecs vous décourager ou ébranler votre confiance en vous. Au contraire, utilisez-les comme des opportunités d'apprentissage et de croissance. Analysez ce qui n'a pas fonctionné, tirez-en des leçons et ajustez votre approche. En faisant face aux échecs et aux obstacles avec résilience et persévérance, vous renforcerez votre confiance en vous et vous serez mieux préparé pour atteindre vos objectifs professionnels.

Conclusion

La confiance en soi est un élément clé pour atteindre ses objectifs professionnels. En identifiant clairement vos objectifs, en reconnaissant vos compétences et vos talents, en cultivant une mentalité positive, en continuant à vous former et à vous perfectionner, en vous entourant de personnes positives et en faisant face aux échecs avec résilience, vous renforcerez votre confiance en vous et vous serez mieux préparé pour atteindre vos objectifs professionnels. N'oubliez pas que la confiance en soi est un voyage continu, et qu'il est important de travailler régulièrement sur votre estime de soi pour maintenir une confiance inébranlable tout au long de votre carrière.

Chapitre 6: La confiance en soi dans les relations amoureuses

La confiance en soi joue un rôle crucial dans toutes les sphères de notre vie, y compris dans nos relations amoureuses. Lorsque nous avons une confiance inébranlable en nous-mêmes, cela se reflète dans la façon dont nous interagissons avec notre partenaire, la qualité de notre communication et notre capacité à construire une relation épanouissante. Dans ce chapitre, nous explorerons l'impact de la confiance en soi sur les relations amoureuses et comment renforcer cette confiance pour construire des liens solides et durables.

6.1.1 L'importance de la confiance en soi dans les relations amoureuses

La confiance en soi est un élément essentiel pour établir des relations amoureuses saines et épanouissantes. Lorsque nous avons confiance en nous-mêmes, nous sommes capables de nous ouvrir à l'autre, de nous exprimer librement et d'être vulnérables. Cela crée un environnement de confiance mutuelle et de compréhension, où les deux partenaires se sentent en sécurité pour partager leurs émotions, leurs besoins et leurs désirs.

La confiance en soi nous permet également de fixer des limites claires et de respecter celles de notre partenaire. Nous sommes capables de communiquer nos besoins et nos attentes de manière assertive, sans craindre le rejet ou la désapprobation. Cela favorise une communication ouverte et honnête, où les deux partenaires se sentent écoutés et respectés.

6.1.2 La communication et l'expression de ses besoins

La confiance en soi est étroitement liée à notre capacité à communiquer efficacement dans nos relations amoureuses. Lorsque nous avons confiance en nous-mêmes, nous sommes plus à l'aise pour exprimer nos besoins, nos désirs et nos préoccupations à notre partenaire. Nous sommes capables de communiquer de manière claire et directe, sans craindre d'être jugés ou rejetés.

Une communication ouverte et honnête est essentielle pour maintenir une relation amoureuse saine. Lorsque nous sommes confiants, nous sommes plus enclins à partager nos émotions et nos pensées, ce qui favorise une compréhension mutuelle et renforce le lien entre les partenaires. La communication est la clé pour résoudre les conflits, prendre des décisions ensemble et construire une relation basée sur la confiance et le respect mutuel.

6.1.3 La confiance en soi après une rupture

Une rupture peut ébranler notre confiance en nous-mêmes et remettre en question notre valeur personnelle. Cependant, il est important de se rappeler que notre confiance en soi ne dépend pas de notre relation avec notre ex-partenaire. La confiance en soi est une qualité intrinsèque qui peut être renforcée et développée indépendamment de nos expériences passées.

Après une rupture, il est essentiel de prendre le temps de guérir et de se reconstruire. Cela peut impliquer de faire face à nos émotions, de chercher du soutien auprès de nos proches et de travailler sur notre estime de soi. En renforçant notre confiance en nous-mêmes, nous serons mieux préparés à entrer dans de nouvelles relations amoureuses et à construire des liens sains et épanouissants.

6.1.4 La confiance en soi pour construire une relation épanouissante

La confiance en soi est un ingrédient clé pour construire une relation amoureuse épanouissante. Lorsque nous avons confiance en nous-mêmes, nous sommes capables de nous engager pleinement dans la relation, d'être authentiques et de nous investir émotionnellement. Cela crée un lien profond et significatif avec notre partenaire, basé sur la confiance, la compréhension et le respect mutuel.

Pour renforcer notre confiance en nous-mêmes dans le contexte des relations amoureuses, il est important de travailler sur notre estime de soi, de cultiver l'amour et la bienveillance envers nous-mêmes, et de développer des compétences en communication assertive. En faisant cela, nous serons mieux équipés pour construire des relations saines, épanouissantes et durables.

La confiance en soi est un élément essentiel pour établir des relations amoureuses saines et épanouissantes. Elle nous permet de nous ouvrir à l'autre, de communiquer nos besoins et nos limites, de guérir après une rupture et de construire des relations épanouissantes. En renforçant notre confiance en nous-mêmes, nous serons en mesure de créer des liens solides et durables, basés sur la confiance, la compréhension et le respect mutuel.

6.2 La communication et l'expression de ses besoins

La communication est un élément essentiel dans toutes les relations, y compris les relations amoureuses. Une communication claire et ouverte permet de construire une relation solide et épanouissante. Cependant, il est souvent difficile pour certaines personnes de s'exprimer et d'exprimer leurs besoins de manière assertive. Dans ce chapitre, nous allons explorer l'importance de la communication dans les relations amoureuses et découvrir des techniques pour exprimer ses besoins de manière saine et constructive.

6.2.1 L'importance de la communication dans les relations amoureuses

La communication est le fondement d'une relation amoureuse épanouissante. Elle permet de partager ses émotions, ses pensées et ses besoins avec son partenaire. Une communication ouverte favorise la compréhension mutuelle, renforce la confiance et permet de résoudre les conflits de manière constructive. En revanche, une communication inefficace peut entraîner des malentendus, des frustrations et des ressentiments.

Lorsque nous communiquons avec notre partenaire, il est important d'être à l'écoute de ses besoins et de ses préoccupations. Cela signifie être attentif à ses paroles, à ses gestes et à ses émotions. La communication ne se limite pas aux mots, elle englobe également le langage corporel et les signaux non verbaux. En étant attentif à ces signaux, nous pouvons mieux comprendre les besoins de notre partenaire et y répondre de manière appropriée.

6.2.2 Techniques pour exprimer ses besoins de manière saine

L'expression de ses besoins dans une relation amoureuse peut être un défi pour de nombreuses personnes. Certaines personnes ont peur d'être rejetées ou de créer des conflits en exprimant leurs besoins. Cependant, il est essentiel de communiquer ses besoins pour maintenir une relation saine et équilibrée. Voici quelques techniques pour exprimer ses besoins de manière saine :

6.2.2.1 Utiliser le "je" et éviter les accusations

Lorsque vous exprimez vos besoins, utilisez le "je" plutôt que le "tu". Par exemple, au lieu de dire "Tu ne m'écoutes jamais", dites plutôt "Je me sens ignoré lorsque je ne suis pas écouté". En utilisant le "je", vous exprimez vos émotions et vos besoins sans accuser votre partenaire.

6.2.2.2 Soyez spécifique et clair

Lorsque vous exprimez vos besoins, soyez spécifique et clair. Évitez les généralités et les suppositions. Par exemple, au lieu de dire "Je veux que tu sois plus attentionné", dites plutôt "J'aimerais passer plus de temps de qualité avec toi, sans distractions".

6.2.2.3 Écoute active

Lorsque votre partenaire exprime ses besoins, pratiquez l'écoute active. Cela signifie être attentif, poser des questions pour clarifier et répéter ce que vous avez entendu pour montrer que vous comprenez. L'écoute active favorise la compréhension mutuelle et renforce la connexion émotionnelle.

6.2.2.4 Trouver des compromis

Dans une relation amoureuse, il est important de trouver des compromis qui répondent aux besoins des deux partenaires. Soyez ouvert à la négociation et à la recherche de solutions qui satisferont les deux parties. La flexibilité et la volonté de trouver un terrain d'entente renforcent la confiance et la satisfaction mutuelle.

Conclusion

La communication et l'expression de ses besoins sont des éléments clés pour construire une relation amoureuse solide et épanouissante. En utilisant des techniques de communication saine, comme l'utilisation du "je", la clarté, l'écoute active et la recherche de compromis, vous pouvez renforcer la compréhension mutuelle et la connexion émotionnelle avec votre partenaire. N'oubliez pas que la communication est un processus continu et qu'il est important de pratiquer ces techniques régulièrement pour maintenir une relation harmonieuse.

6.3 La confiance en soi après une rupture

La fin d'une relation amoureuse peut être une période difficile et douloureuse. Après une rupture, il est normal de ressentir un mélange d'émotions telles que la tristesse, la colère, la confusion et même le doute de soi. Cependant, il est important de se rappeler que la confiance en soi peut être reconstruite et renforcée après une rupture. Dans ce chapitre, nous explorerons des stratégies pour retrouver une confiance en soi solide et se remettre d'une rupture.

6.3.1 Faire face aux émotions

Après une rupture, il est essentiel de prendre le temps de faire face à ses émotions. Il est normal de ressentir de la tristesse, de la colère et de la déception. Il est important de ne pas réprimer ces émotions, mais plutôt de les reconnaître et de les exprimer de manière saine. Parler à un ami de confiance, écrire dans un journal ou consulter un thérapeute peuvent être des moyens efficaces de faire face à ces émotions.

6.3.2 Prendre du recul

Après une rupture, il est essentiel de prendre du recul et de réfléchir à la relation passée. Il peut être utile de se poser des questions telles que : Qu'est-ce qui n'a pas fonctionné dans la relation ? Quels sont les schémas récurrents que j'ai observés dans mes relations passées ? Quels sont mes besoins et mes valeurs dans une relation ? Prendre du recul permet de mieux comprendre ce qui s'est passé et d'apprendre de l'expérience.

6.3.3 Se reconstruire

Après une rupture, il est important de se reconstruire et de se recentrer sur soi-même. Cela peut impliquer de prendre soin de sa santé physique et mentale, de se fixer de nouveaux objectifs personnels et de se concentrer sur ses passions et ses intérêts. En se reconstruisant, on renforce sa confiance en soi et on se rappelle que l'on est une personne complète et précieuse, indépendamment de sa relation passée.

6.3.4 Apprendre de l'expérience

Une rupture peut être une occasion d'apprendre et de grandir en tant que personne. Il est important de réfléchir sur ce que l'on a appris de la relation passée et de prendre ces enseignements pour évoluer. Cela peut impliquer de travailler sur ses propres schémas de comportement, de développer de nouvelles compétences relationnelles et de se fixer des limites saines dans les relations futures.

6.3.5 Cultiver l'amour de soi

Après une rupture, il est essentiel de cultiver l'amour de soi. Cela signifie prendre soin de soi, se traiter avec bienveillance et se donner le temps et l'espace nécessaires pour guérir. Il peut être utile de pratiquer des activités qui procurent du bien-être, comme le yoga, la méditation ou la lecture inspirante. En cultivant l'amour de soi, on renforce sa confiance en soi et on se prépare à de futures relations saines et épanouissantes.

6.3.6 Se tourner vers le soutien

Après une rupture, il est important de se tourner vers le soutien de ses proches. Parler de ses émotions et de ses expériences avec des amis et des membres de sa famille peut être réconfortant et permettre de se sentir compris et soutenu. Si nécessaire, il peut également être bénéfique de consulter un thérapeute spécialisé dans les relations amoureuses pour obtenir un soutien supplémentaire et des conseils professionnels.

6.3.7 Prendre son temps

Chaque personne a son propre rythme de guérison après une rupture. Il est important de se donner le temps nécessaire pour se remettre et se reconstruire. Il n'y a pas de délai fixe pour guérir d'une rupture, et il est essentiel de respecter son propre processus. Prendre son temps permet de se reconnecter avec soi-même, de guérir les blessures émotionnelles et de retrouver une confiance en soi solide.

6.3.8 Se projeter vers l'avenir

Après avoir traversé une rupture, il est important de se projeter vers l'avenir et de se rappeler que de nouvelles opportunités et de nouvelles relations sont possibles. En se concentrant sur ses objectifs personnels et en cultivant une vision positive de l'avenir, on renforce sa confiance en soi et on se prépare à de nouvelles expériences enrichissantes.

La confiance en soi après une rupture peut être reconstruite et renforcée avec le temps et les efforts personnels. En faisant face à ses émotions, en prenant du recul, en se reconstruisant, en apprenant de l'expérience, en cultivant l'amour de soi, en se tournant vers le soutien, en prenant son temps et en se projetant vers l'avenir, on peut retrouver une confiance en soi solide et se préparer à de nouvelles relations épanouissantes.

Chapitre 6: La confiance en soi dans les relations amoureuses

La confiance en soi joue un rôle essentiel dans la construction de relations amoureuses épanouissantes. Lorsque nous avons une estime de soi solide, nous sommes capables de nous engager pleinement dans une relation, de communiquer nos besoins et nos limites, et de maintenir une connexion émotionnelle profonde avec notre partenaire. Dans ce chapitre, nous explorerons comment la confiance en soi peut être cultivée pour construire des relations amoureuses saines et épanouissantes.

6.1 L'impact de la confiance en soi sur les relations amoureuses

La confiance en soi est un élément clé pour établir des relations amoureuses solides et durables. Lorsque nous avons confiance en nous-mêmes, nous sommes capables de nous ouvrir à l'amour et de nous engager pleinement dans une relation. Nous sommes également plus susceptibles de choisir des partenaires qui nous respectent et nous valorisent, car nous savons que nous méritons d'être traités avec amour et respect.

D'autre part, un manque de confiance en soi peut entraîner des problèmes dans les relations amoureuses. Les personnes qui manquent de confiance en elles peuvent avoir du mal à exprimer leurs besoins et leurs désirs, ce qui peut entraîner une frustration et une insatisfaction dans la relation. Elles peuvent également être plus susceptibles de tolérer des comportements abusifs ou toxiques, car elles ne se sentent pas dignes d'un amour sain et respectueux.

6.2 La communication et l'expression de ses besoins

La communication est un pilier essentiel d'une relation amoureuse épanouissante. Lorsque nous avons confiance en nous-mêmes, nous sommes capables de communiquer clairement nos besoins, nos désirs et nos limites à notre partenaire. Nous sommes également plus à l'aise pour exprimer nos émotions et nos préoccupations, ce qui favorise une communication ouverte et honnête.

Pour développer une communication saine dans une relation, il est important de cultiver une confiance en soi solide. Cela peut être fait en travaillant sur notre estime de soi, en identifiant nos forces et nos valeurs, et en nous engageant dans des activités qui renforcent notre confiance en nous-mêmes. Il est également important de pratiquer l'écoute active et d'être attentif aux besoins et aux préoccupations de notre partenaire.

6.3 La confiance en soi après une rupture

Une rupture peut ébranler notre confiance en nous-mêmes et remettre en question notre valeur personnelle. Cependant, il est essentiel de se rappeler que notre estime de soi ne dépend pas de notre relation avec notre ex-partenaire. La confiance en soi doit être cultivée de manière indépendante, en se concentrant sur notre propre croissance personnelle et en reconnaissant notre valeur intrinsèque.

Après une rupture, il est important de prendre le temps de guérir et de se reconstruire. Cela peut impliquer de se donner le temps et l'espace nécessaires pour faire face à nos émotions, de chercher le soutien de nos proches ou même de consulter un thérapeute. En travaillant sur notre confiance en nous-mêmes, nous serons mieux préparés à construire une relation épanouissante à l'avenir.

6.4 La confiance en soi pour construire une relation épanouissante

Pour construire une relation amoureuse épanouissante, il est essentiel de cultiver une confiance en soi solide. Voici quelques conseils pour renforcer votre confiance en vous et construire une relation épanouissante :

1. Travaillez sur votre estime de soi : Identifiez vos forces et vos valeurs, et célébrez vos réussites. Apprenez à vous aimer et à vous accepter tel que vous êtes.
2. Communiquez ouvertement : Exprimez vos besoins, vos désirs et vos limites à votre partenaire. Soyez honnête et ouvert dans vos conversations, et écoutez également les besoins de votre partenaire.
3. Faites preuve d'empathie : Soyez attentif aux émotions et aux préoccupations de votre partenaire. Montrez-lui que vous vous souciez de ses sentiments et de son bien-être.
4. Cultivez la confiance mutuelle : Soyez fiable et respectez vos engagements. Montrez à votre partenaire qu'il peut compter sur vous et qu'il peut vous faire confiance.
5. Apprenez à gérer les conflits : Les conflits font partie intégrante de toute relation. Apprenez à les gérer de manière constructive, en écoutant activement, en exprimant vos besoins de manière respectueuse et en cherchant des solutions mutuellement satisfaisantes.

En cultivant une confiance en soi solide et en travaillant sur votre relation de manière consciente, vous serez en mesure de construire une relation amoureuse épanouissante et durable. N'oubliez pas que la confiance en soi est un voyage continu, et qu'il est important de prendre soin de vous et de votre estime de soi tout au long de votre parcours relationnel.

Chapitre 7: La confiance en soi et la santé mentale

La confiance en soi joue un rôle essentiel dans notre bien-être mental. Elle est étroitement liée à notre estime de soi et à notre capacité à faire face aux défis de la vie quotidienne. Lorsque nous avons une confiance en soi solide, nous sommes plus résilients face aux difficultés et nous avons une meilleure perception de nous-mêmes. Dans ce chapitre, nous explorerons l'importance de la confiance en soi pour la santé mentale, ainsi que son impact sur l'anxiété, la dépression et l'estime de soi.

7.1 L'importance de la confiance en soi pour la santé mentale

La confiance en soi est un élément clé de la santé mentale. Elle nous permet de développer une attitude positive envers nous-mêmes et de croire en nos capacités. Lorsque nous avons confiance en nous, nous sommes plus susceptibles de prendre des décisions éclairées, de relever des défis et de surmonter les obstacles. Cela nous donne également la force de faire face aux épreuves de la vie et de maintenir une attitude optimiste.

La confiance en soi est étroitement liée à notre estime de soi. L'estime de soi est la valeur que nous nous accordons en tant qu'individus. Lorsque nous avons une estime de soi élevée, nous avons tendance à avoir une confiance en soi solide. Cependant, lorsque notre estime de soi est faible, notre confiance en nous peut être affectée. Il est donc essentiel de travailler sur notre estime de soi pour renforcer notre confiance en nous-mêmes.

La confiance en soi joue également un rôle crucial dans notre capacité à gérer le stress et l'anxiété. Lorsque nous avons confiance en nos compétences et en nos capacités, nous sommes moins susceptibles de nous sentir dépassés par les situations stressantes. Nous sommes plus enclins à adopter une attitude positive et à trouver des solutions efficaces pour faire face aux défis. En revanche, un manque de confiance en soi peut aggraver l'anxiété et rendre difficile la gestion du stress.

7.1.1 La confiance en soi et l'anxiété

L'anxiété est une réaction normale face à des situations stressantes. Cependant, lorsque l'anxiété devient excessive et interfère avec notre vie quotidienne, elle peut devenir un trouble anxieux. La confiance en soi joue un rôle crucial dans la gestion de l'anxiété. Lorsque nous avons confiance en nos capacités à faire face aux défis, nous sommes moins susceptibles de ressentir de l'anxiété excessive.

La confiance en soi nous permet de développer des stratégies efficaces pour faire face à l'anxiété. Nous sommes plus enclins à adopter des pensées positives et à nous concentrer sur nos forces plutôt que sur nos faiblesses. Nous sommes également plus susceptibles de rechercher de l'aide et de mettre en place des techniques d'auto-soins pour réduire l'anxiété. En renforçant notre confiance en nous-mêmes, nous pouvons mieux gérer l'anxiété et retrouver un équilibre émotionnel.

7.1.2 La confiance en soi et la dépression

La dépression est un trouble mental courant qui affecte des millions de personnes dans le monde. Elle se caractérise par une tristesse persistante, une perte d'intérêt pour les activités quotidiennes et une baisse de l'estime de soi. La confiance en soi joue un rôle crucial dans la prévention et le traitement de la dépression.

Lorsque nous avons une confiance en soi solide, nous sommes plus résilients face aux difficultés de la vie. Nous sommes mieux équipés pour faire face aux échecs et aux revers, ce qui réduit notre vulnérabilité à la dépression. De plus, la confiance en soi nous permet de développer des pensées positives et de cultiver une attitude optimiste, ce qui peut aider à prévenir la dépression.

Dans le traitement de la dépression, la confiance en soi est également essentielle. En travaillant sur notre estime de soi et en renforçant notre confiance en nous-mêmes, nous pouvons améliorer notre perception de nous-mêmes et retrouver un sentiment de valeur personnelle. Cela peut contribuer à réduire les symptômes de la dépression et à favoriser notre rétablissement.

7.1.3 La confiance en soi et l'estime de soi

L'estime de soi est l'évaluation que nous faisons de nous-mêmes. Elle est étroitement liée à notre confiance en soi. Lorsque nous avons une estime de soi élevée, nous avons tendance à avoir une confiance en soi solide. En revanche, lorsque notre estime de soi est faible, notre confiance en nous peut être affectée.

7.2 La confiance en soi et l'anxiété

L'anxiété est un trouble mental courant qui peut avoir un impact significatif sur la confiance en soi. Lorsque nous sommes anxieux, nous avons tendance à douter de nos capacités et à nous sentir moins sûrs de nous. Cela peut entraîner une baisse de l'estime de soi et une difficulté à croire en nos propres compétences.

7.2.1 Comprendre l'anxiété

L'anxiété est une réaction normale du corps face à une situation stressante. Cependant, lorsque l'anxiété devient excessive et persistante, elle peut devenir un trouble anxieux. Les personnes souffrant d'anxiété ressentent souvent une peur intense et irrationnelle, accompagnée de symptômes physiques tels que des palpitations, des sueurs et des tremblements.

7.2.2 L'impact de l'anxiété sur la confiance en soi

L'anxiété peut avoir un impact négatif sur la confiance en soi de différentes manières. Tout d'abord, l'anxiété peut nous amener à éviter certaines situations ou activités par peur de l'échec ou du jugement des autres. Cela limite nos expériences et notre capacité à développer de nouvelles compétences, ce qui peut éroder notre confiance en nous-mêmes.

De plus, l'anxiété peut générer des pensées négatives et auto-dévalorisantes. Nous pouvons nous critiquer constamment, nous demander si nous sommes à la hauteur ou si nous serons jugés par les autres. Ces pensées négatives sapent notre estime de soi et renforcent notre manque de confiance en nous.

7.2.3 Surmonter l'anxiété pour renforcer la confiance en soi

Il est possible de surmonter l'anxiété et de renforcer sa confiance en soi. Voici quelques stratégies qui peuvent vous aider :

7.2.3.1 La gestion du stress

La gestion du stress est essentielle pour réduire l'anxiété et renforcer la confiance en soi. Apprenez des techniques de relaxation telles que la respiration profonde, la méditation ou le yoga. Ces pratiques peuvent vous aider à calmer votre esprit et à réduire les symptômes physiques de l'anxiété.

7.2.3.2 La remise en question des pensées négatives

L'anxiété est souvent alimentée par des pensées négatives et irrationnelles. Apprenez à identifier ces pensées et à les remettre en question. Demandez-vous si elles sont réalistes et basées sur des faits concrets. En remplaçant ces pensées négatives par des pensées positives et réalistes, vous pouvez renforcer votre confiance en vous.

7.2.3.3 La recherche de soutien

N'hésitez pas à demander de l'aide et du soutien lorsque vous en avez besoin. Parlez à un thérapeute ou à un professionnel de la santé mentale qui pourra vous aider à comprendre et à gérer votre anxiété. Le soutien d'amis et de proches peut également être précieux pour renforcer votre confiance en vous.

7.2.3.4 La prise de petites actions

La confiance en soi se renforce en prenant des actions et en réalisant des succès. Commencez par de petites étapes pour sortir de votre zone de confort et affronter vos peurs. Chaque petite victoire renforcera votre confiance en vous et vous aidera à surmonter l'anxiété.

7.2.3.5 La pratique de l'auto-compassion

L'anxiété peut être épuisante et il est important de prendre soin de vous-même. Pratiquez l'auto-compassion en vous accordant du temps pour vous reposer, vous détendre et vous ressourcer. Soyez bienveillant envers vous-même et rappelez-vous que vous faites de votre mieux.

En conclusion, l'anxiété peut avoir un impact négatif sur la confiance en soi, mais il est possible de surmonter cette difficulté. En utilisant des stratégies de gestion du stress, en remettant en question les pensées négatives, en recherchant du soutien, en prenant des actions et en pratiquant l'auto-compassion, vous pouvez renforcer votre confiance en vous et surmonter l'anxiété. N'oubliez pas que vous êtes capable de surmonter les défis et de développer une confiance inébranlable en vous-même.

7.3 La confiance en soi et la dépression

La dépression est un trouble mental courant qui affecte des millions de personnes dans le monde. Elle se caractérise par une tristesse profonde, une perte d'intérêt pour les activités quotidiennes, des troubles du sommeil, une fatigue persistante et une diminution de l'estime de soi. La confiance en soi joue un rôle crucial dans la gestion de la dépression et dans le rétablissement.

La dépression peut souvent entraîner une baisse de l'estime de soi. Les personnes atteintes de dépression peuvent se sentir inutiles, incapables de faire face aux défis de la vie et avoir des pensées négatives constantes à leur sujet. Cela crée un cercle vicieux où la dépression alimente la baisse de l'estime de soi, et vice versa.

7.3.1 L'impact de la confiance en soi sur la dépression

La confiance en soi est un facteur clé dans la gestion de la dépression. Lorsque nous avons confiance en nos capacités à faire face aux difficultés de la vie, nous sommes mieux équipés pour faire face aux symptômes de la dépression. Une confiance en soi solide peut nous aider à surmonter les pensées négatives et à adopter des comportements positifs.

La confiance en soi nous donne également la force de demander de l'aide lorsque nous en avons besoin. Beaucoup de personnes atteintes de dépression ont du mal à demander de l'aide, car elles se sentent impuissantes et pensent qu'elles ne méritent pas d'être soutenues. Cependant, en développant une confiance en soi solide, nous pouvons surmonter ces barrières et chercher le soutien dont nous avons besoin pour guérir.

7.3.2 Renforcer la confiance en soi pour lutter contre la dépression

Il existe plusieurs techniques et stratégies pour renforcer la confiance en soi et lutter contre la dépression. Voici quelques conseils qui peuvent vous aider :

7.3.2.1 Pratiquer l'auto-compassion

L'auto-compassion consiste à être gentil et bienveillant envers soi-même, même lorsque nous faisons face à des difficultés. Au lieu de nous critiquer et de nous juger sévèrement, nous devons apprendre à nous traiter avec amour et compassion. Cela peut être particulièrement utile lorsque nous sommes confrontés à des pensées négatives et à des sentiments d'auto-dépréciation liés à la dépression.

7.3.2.2 Fixer des objectifs réalistes

Lorsque nous sommes atteints de dépression, il peut être difficile de se fixer des objectifs et de se sentir motivé. Cependant, en fixant des objectifs réalistes et réalisables, nous pouvons retrouver un sentiment d'accomplissement et renforcer notre confiance en nous. Commencez par de petits objectifs et célébrez chaque étape de votre progression.

7.3.2.3 Pratiquer l'auto-soin

Prendre soin de soi est essentiel pour renforcer la confiance en soi et lutter contre la dépression. Prenez le temps de vous engager dans des activités qui vous apportent du plaisir et vous font vous sentir bien. Cela peut inclure l'exercice physique régulier, la méditation, la lecture, la pratique d'un hobby ou tout autre activité qui vous permet de vous détendre et de vous ressourcer.

7.3.2.4 Chercher un soutien professionnel

La dépression est une maladie sérieuse qui nécessite souvent une intervention professionnelle. N'hésitez pas à consulter un thérapeute ou un professionnel de la santé mentale pour obtenir un soutien et des conseils adaptés à votre situation. Un thérapeute peut vous aider à développer des stratégies pour renforcer votre confiance en vous et surmonter les symptômes de la dépression.

Conclusion

La confiance en soi joue un rôle crucial dans la gestion de la dépression. En renforçant notre confiance en nous, nous pouvons mieux faire face aux symptômes de la dépression, demander de l'aide lorsque nous en avons besoin et adopter des comportements positifs pour notre rétablissement. N'oubliez pas qu'il est important de chercher un soutien professionnel si vous êtes atteint de dépression. Vous n'êtes pas seul et il existe des ressources disponibles pour vous aider dans votre parcours vers la guéris

Chapitre 7.4: La confiance en soi et l'estime de soi

La confiance en soi et l'estime de soi sont deux concepts étroitement liés. Lorsque nous parlons de confiance en soi, nous faisons référence à la croyance en nos propres capacités et à notre valeur personnelle. L'estime de soi, quant à elle, se réfère à l'évaluation globale que nous faisons de nous-mêmes, à notre sentiment de valeur et d'acceptation personnelle.

7.4.1 L'importance de l'estime de soi

L'estime de soi joue un rôle crucial dans notre bien-être émotionnel et mental. Lorsque nous avons une estime de soi solide, nous nous sentons en sécurité et en confiance dans notre propre peau. Nous sommes capables de faire face aux défis de la vie avec résilience et de maintenir des relations saines avec les autres.

D'un autre côté, une faible estime de soi peut avoir des conséquences néfastes sur notre santé mentale. Elle peut nous amener à douter de nos capacités, à nous sentir inadéquats et à nous critiquer constamment. Cela peut entraîner des sentiments de dépression, d'anxiété et de stress.

7.4.2 Les liens entre la confiance en soi et l'estime de soi

La confiance en soi et l'estime de soi sont étroitement liées et s'influencent mutuellement. Lorsque nous avons une confiance en soi élevée, nous avons tendance à avoir une meilleure estime de nous-mêmes. Nous croyons en nos capacités et en notre valeur, ce qui renforce notre estime de soi.

D'autre part, une estime de soi solide peut également renforcer notre confiance en nous. Lorsque nous nous sentons bien dans notre peau et que nous nous apprécions, nous sommes plus enclins à prendre des risques, à relever des défis et à croire en nos propres capacités.

7.4.3 Cultiver une estime de soi solide

Il existe plusieurs techniques et stratégies pour cultiver une estime de soi solide. Voici quelques conseils pratiques pour renforcer votre estime de vous-même :

7.4.3.1 Pratiquez l'auto-compassion

L'auto-compassion consiste à être gentil et bienveillant envers soi-même, même lorsque nous faisons face à des difficultés ou à des échecs. Apprenez à vous parler avec bienveillance et à vous accorder le même soutien que vous offririez à un ami cher. Cela vous aidera à développer une attitude positive envers vous-même et à renforcer votre estime de soi.

7.4.3.2 Identifiez et remplacez les pensées négatives

Prenez conscience des pensées négatives que vous avez à votre égard et essayez de les remplacer par des pensées positives et réalistes. Par exemple, au lieu de vous dire "Je suis nul(le) dans tout ce que je fais", dites-vous plutôt "Je fais de mon mieux et j'apprends de mes erreurs". En remplaçant les pensées négatives par des pensées positives, vous renforcerez votre estime de vous-même.

7.4.3.3 Célébrez vos réussites

Prenez le temps de célébrer vos réussites, aussi petites soient-elles. Que ce soit accomplir une tâche difficile, atteindre un objectif ou simplement faire quelque chose qui vous rend heureux, reconnaissez vos accomplissements et félicitez-vous. Cela renforcera votre estime de vous-même et vous donnera confiance en vos capacités.

7.4.3.4 Entourez-vous de personnes positives

Les personnes avec lesquelles nous passons du temps peuvent avoir un impact significatif sur notre estime de soi. Entourez-vous de personnes positives qui vous soutiennent, vous encouragent et vous inspirent. Évitez les personnes toxiques ou négatives qui sapent votre confiance en vous. Lorsque vous êtes entouré de personnes positives, vous vous sentirez soutenu et cela renforcera votre estime de vous-même.

7.4.3.5 Prenez soin de vous

Prenez le temps de prendre soin de vous physiquement, émotionnellement et mentalement. Faites de l'exercice régulièrement, mangez sainement, dormez suffisamment et pratiquez des activités qui vous apportent de la joie et du bien-être. Lorsque vous prenez soin de vous, vous vous sentez bien dans votre peau, ce qui renforce votre estime de vous-même.

En cultivant une estime de soi solide, vous renforcerez également votre confiance en vous. Ces deux aspects sont essentiels pour développer une confiance inébranlable en vous-même et pour construire une vie épanouissante.

Chapitre 8 : Maintenir une confiance inébranlable

8.1 Les stratégies pour maintenir une confiance inébranlable

Maintenir une confiance inébranlable peut sembler être un défi de taille, mais avec les bonnes stratégies, il est tout à fait possible de renforcer et de préserver cette confiance en soi solide que vous avez construite. Dans ce chapitre, nous allons explorer quelques stratégies efficaces pour maintenir une confiance inébranlable dans tous les aspects de votre vie.

8.1.1 Cultiver une mentalité positive

Une des clés pour maintenir une confiance inébranlable est de cultiver une mentalité positive. Cela signifie être conscient de vos pensées et de votre langage intérieur, et de les orienter vers des pensées positives et constructives. Remplacez les pensées négatives par des affirmations positives et encourageantes. Par exemple, au lieu de vous dire "Je ne suis pas assez bon", dites-vous "Je suis compétent et capable de réussir". En pratiquant cette mentalité positive, vous renforcez votre confiance en vous et vous vous donnez les meilleures chances de réussir.

8.1.2 Fixer des objectifs réalistes

Fixer des objectifs réalistes est une autre stratégie importante pour maintenir une confiance inébranlable. Lorsque vous vous fixez des objectifs réalisables, vous pouvez mesurer vos progrès et célébrer vos réussites. Cela renforce votre confiance en vous et vous motive à continuer à avancer. Assurez-vous de décomposer vos objectifs en étapes plus petites et plus faciles à atteindre, afin de maintenir votre motivation et de vous donner un sentiment d'accomplissement régulier.

8.1.3 Pratiquer l'auto-compassion

L'auto-compassion est une stratégie puissante pour maintenir une confiance inébranlable. Il est important de se rappeler que personne n'est parfait et que tout le monde fait des erreurs. Au lieu de vous critiquer et de vous juger sévèrement lorsque vous faites une erreur, pratiquez l'auto-compassion en vous traitant avec gentillesse et compréhension. Apprenez à vous pardonner et à vous donner une seconde chance. En pratiquant l'auto-compassion, vous renforcez votre estime de soi et vous maintenez une confiance inébranlable, même lorsque vous faites face à des défis.

8.1.4 Cultiver un réseau de soutien

Avoir un réseau de soutien solide est essentiel pour maintenir une confiance inébranlable. Entourez-vous de personnes qui vous soutiennent, vous encouragent et vous inspirent. Partagez vos succès et vos défis avec eux, et laissez-les vous soutenir dans vos moments de doute. Un réseau de soutien solide peut vous aider à maintenir votre confiance en vous, en vous rappelant vos forces et en vous encourageant à persévérer.

8.1.5 Pratiquer l'auto-soin

Prendre soin de vous-même est une autre stratégie essentielle pour maintenir une confiance inébranlable. Prenez le temps de vous reposer, de vous détendre et de vous ressourcer régulièrement. Faites des activités qui vous plaisent et qui vous permettent de vous sentir bien dans votre peau. Prenez soin de votre corps en adoptant une alimentation saine et en faisant de l'exercice régulièrement. En prenant soin de vous-même, vous renforcez votre confiance en vous et vous vous donnez les ressources nécessaires pour faire face aux défis de la vie.

8.1.6 Apprendre de ses échecs

Les échecs font partie de la vie, et il est important de les voir comme des opportunités d'apprentissage plutôt que comme des indications de votre valeur personnelle. Lorsque vous faites face à un échec, prenez le temps de réfléchir à ce qui s'est passé et aux leçons que vous pouvez en tirer. Utilisez ces leçons pour grandir et vous améliorer, et rappelez-vous que chaque échec est une étape vers le succès. En apprenant de vos échecs, vous renforcez votre confiance en vous et vous vous préparez à affronter de nouveaux défis avec détermination.

Ces stratégies vous aideront à maintenir une confiance inébranlable dans tous les aspects de votre vie. En cultivant une mentalité positive, en fixant des objectifs réalistes, en pratiquant l'auto-compassion, en cultivant un réseau de soutien, en pratiquant l'auto-soin et en apprenant de vos échecs, vous renforcerez votre confiance en vous et vous serez prêt à faire face à tous les défis qui se présentent à vous.

8.2 La persévérance et la résilience

La persévérance et la résilience sont deux qualités essentielles pour maintenir une confiance inébranlable en soi. Elles jouent un rôle crucial dans notre capacité à faire face aux défis et aux obstacles de la vie, et à rebondir après des échecs ou des déceptions. Dans ce chapitre, nous explorerons l'importance de la persévérance et de la résilience, ainsi que des stratégies pratiques pour les développer.

8.2.1 La persévérance

La persévérance est la capacité de continuer à avancer malgré les difficultés et les obstacles. C'est la volonté de ne pas abandonner, même lorsque les choses deviennent difficiles. La persévérance est essentielle pour atteindre nos objectifs et réaliser nos rêves. Elle nous permet de rester concentrés et motivés, même lorsque nous sommes confrontés à des revers ou à des échecs.

Pour développer la persévérance, il est important de se fixer des objectifs clairs et réalisables. En ayant une vision claire de ce que nous voulons accomplir, nous sommes plus susceptibles de rester motivés et de persévérer, même lorsque les choses deviennent difficiles. Il est également important de rester positifs et de croire en nos capacités. En cultivant une attitude positive et en renforçant notre confiance en nous, nous sommes mieux équipés pour faire face aux défis et pour persévérer.

La persévérance nécessite également de la discipline et de la détermination. Il est important de rester discipliné dans nos efforts et de continuer à travailler dur, même lorsque nous sommes tentés de renoncer. La détermination nous permet de rester concentrés sur nos objectifs et de ne pas nous laisser décourager par les obstacles qui se présentent sur notre chemin.

8.2.2 La résilience

La résilience est la capacité de rebondir après des difficultés, des échecs ou des traumatismes. C'est la capacité de se remettre rapidement et efficacement des situations stressantes ou traumatisantes. La résilience nous permet de faire face aux défis de la vie avec force et courage, et de nous adapter aux changements et aux adversités.

Pour développer la résilience, il est important de cultiver une attitude positive et de croire en notre capacité à faire face aux difficultés. En adoptant une attitude optimiste et en renforçant notre confiance en nous, nous sommes mieux préparés à faire face aux défis et à rebondir après des échecs. Il est également important de développer des stratégies d'adaptation saines, telles que la recherche de soutien social, la pratique de techniques de relaxation et la mise en place de routines de bien-être.

La résilience nécessite également la capacité de gérer efficacement le stress et les émotions négatives. Il est important d'apprendre à reconnaître et à exprimer nos émotions de manière saine et constructive. En développant des compétences en gestion du stress, telles que la méditation, la respiration profonde et l'exercice physique régulier, nous renforçons notre capacité à faire face aux défis et à rebondir après des échecs.

8.2.3 La persévérance, la résilience et la confiance en soi

La persévérance et la résilience sont étroitement liées à la confiance en soi. En développant ces qualités, nous renforçons notre confiance en nos capacités à faire face aux défis et à rebondir après des échecs. La persévérance nous permet de continuer à avancer malgré les difficultés, ce qui renforce notre confiance en notre capacité à atteindre nos objectifs. La résilience nous permet de rebondir après des échecs, ce qui renforce également notre confiance en nous-mêmes.

Pour maintenir une confiance inébranlable en soi, il est important de cultiver la persévérance et la résilience. En développant ces qualités, nous sommes mieux préparés à faire face aux défis de la vie et à rebondir après des échecs. La persévérance et la résilience nous aident à maintenir une attitude positive et à croire en nos capacités, ce qui renforce notre confiance en nous-mêmes.

En conclusion, la persévérance et la résilience sont des qualités essentielles pour maintenir une confiance inébranlable en soi. En développant ces qualités, nous sommes mieux préparés à faire face aux défis de la vie et à rebondir après des échecs. La persévérance et la résilience renforcent notre confiance en nos capacités à atteindre nos objectifs et à surmonter les obstacles qui se présentent sur notre chemin.

8.3 La confiance en soi et l'auto-compassion

L'auto-compassion est un élément essentiel pour maintenir une confiance en soi inébranlable. Il s'agit de la capacité à se traiter avec bienveillance, compréhension et acceptation, même lorsque nous faisons face à des difficultés ou à des échecs. L'auto-compassion nous permet de cultiver une relation positive avec nous-mêmes, de développer une estime de soi solide et de faire face aux défis de la vie avec confiance.

8.3.1 Comprendre l'auto-compassion

L'auto-compassion consiste à se traiter avec la même gentillesse et la même compréhension que nous le ferions avec un ami cher. Cela signifie reconnaître nos erreurs et nos imperfections sans nous juger ou nous critiquer sévèrement. Au lieu de cela, nous nous offrons du soutien, de la compassion et de l'encouragement.

La recherche en psychologie a montré que l'auto-compassion est associée à de nombreux avantages pour notre bien-être mental et émotionnel. Elle nous aide à faire face au stress, à réduire l'anxiété et la dépression, à améliorer notre estime de soi et à renforcer notre résilience face aux difficultés de la vie.

8.3.2 Pratiquer l'auto-compassion

La pratique de l'auto-compassion peut être intégrée dans notre vie quotidienne de différentes manières. Voici quelques techniques qui peuvent nous aider à cultiver l'auto-compassion :

8.3.2.1 La pleine conscience

La pleine conscience consiste à être conscient de nos pensées, de nos émotions et de nos sensations physiques sans jugement. En pratiquant la pleine conscience, nous pouvons observer nos pensées négatives ou critiques et les laisser passer sans nous y attacher. Cela nous permet de prendre du recul par rapport à nos pensées et de les traiter avec compassion.

8.3.2.2 L'auto-observation bienveillante

L'auto-observation bienveillante consiste à observer nos pensées et nos émotions avec curiosité et bienveillance. Plutôt que de nous identifier à nos pensées négatives, nous pouvons les voir comme des produits de notre esprit et les traiter avec compassion. Nous pouvons nous demander quelles sont les croyances sous-jacentes à ces pensées et si elles sont réalistes ou utiles.

8.3.2.3 L'auto-compassion dans l'action

L'auto-compassion ne se limite pas à la réflexion intérieure, elle peut également être mise en pratique dans nos actions envers nous-mêmes. Cela signifie prendre soin de nos besoins physiques, émotionnels et mentaux. Nous pouvons nous accorder du temps pour nous reposer, nous détendre et faire des activités qui nous font du bien. Nous pouvons également nous fixer des limites saines et dire non lorsque cela est nécessaire.

8.3.3 Les bienfaits de l'auto-compassion

La pratique régulière de l'auto-compassion peut avoir de nombreux bienfaits pour notre bien-être et notre confiance en soi. Voici quelques-uns de ces bienfaits :

8.3.3.1 Une estime de soi solide

L'auto-compassion nous aide à développer une estime de soi solide en nous permettant de nous accepter et de nous aimer tels que nous sommes, avec nos forces et nos faiblesses. Cela nous permet de nous sentir en sécurité et en confiance dans notre propre valeur, indépendamment des jugements ou des critiques des autres.

8.3.3.2 Une résilience accrue

L'auto-compassion renforce notre résilience en nous permettant de faire face aux difficultés et aux échecs avec compassion et compréhension. Plutôt que de nous laisser submerger par l'autocritique ou le découragement, nous pouvons nous soutenir et nous encourager à continuer malgré les obstacles.

8.3.3.3 Une meilleure santé mentale

La pratique de l'auto-compassion est associée à une réduction de l'anxiété, de la dépression et du stress. En nous traitant avec bienveillance et en nous offrant du soutien émotionnel, nous pouvons apaiser notre esprit et cultiver un état d'esprit plus positif et équilibré.

8.3.3.4 Des relations interpersonnelles plus saines

L'auto-compassion nous permet également d'entretenir des relations interpersonnelles plus saines. En étant bienveillants envers nous-mêmes, nous sommes plus en mesure d'être bienveillants envers les autres. Cela favorise la compréhension, l'empathie et la compassion dans nos interactions avec les autres.

En pratiquant l'auto-compassion, nous pouvons renforcer notre confiance en soi et cultiver une estime de soi solide. Cela nous permet de faire face aux défis de la vie avec résilience et de maintenir une confiance inébranlable en nous-mêmes.

8.4 La confiance en soi et l'évolution personnelle

La confiance en soi est un élément essentiel de notre développement personnel. Elle nous permet de croire en nos capacités, de prendre des risques et de nous ouvrir à de nouvelles opportunités. Lorsque nous avons confiance en nous-mêmes, nous sommes plus enclins à nous engager dans un processus d'évolution personnelle. Dans ce chapitre, nous explorerons le lien entre la confiance en soi et l'évolution personnelle, ainsi que les stratégies pour favoriser cette évolution.

8.4.1 Identifier ses objectifs personnels

Pour évoluer personnellement, il est important de définir des objectifs clairs et réalisables. La confiance en soi joue un rôle crucial dans cette étape, car elle nous donne la conviction que nous sommes capables d'atteindre ces objectifs. Prenez le temps de réfléchir à ce que vous souhaitez accomplir dans différents domaines de votre vie, que ce soit sur le plan professionnel, relationnel, ou personnel. Identifiez vos aspirations et fixez-vous des objectifs réalistes qui vous permettront de vous épanouir.

8.4.2 Sortir de sa zone de confort

L'évolution personnelle nécessite souvent de sortir de sa zone de confort. Cela signifie être prêt à prendre des risques, à faire face à l'inconnu et à relever de nouveaux défis. La confiance en soi est un moteur puissant qui nous pousse à nous aventurer hors de notre zone de confort. Lorsque nous croyons en nos capacités, nous sommes plus enclins à nous lancer dans de nouvelles expériences et à explorer de nouveaux horizons. N'ayez pas peur de sortir de votre routine et de vous confronter à de nouvelles situations, car c'est là que se trouve le potentiel de croissance personnelle.

8.4.3 Apprendre de ses échecs

L'évolution personnelle est un processus qui comporte des hauts et des bas. Il est important de comprendre que l'échec fait partie intégrante de ce processus. La confiance en soi nous permet de faire face à l'échec avec résilience et de tirer des leçons de nos erreurs. Au lieu de nous décourager, nous pouvons utiliser nos échecs comme des opportunités d'apprentissage et de croissance. La confiance en soi nous donne la force de persévérer et de continuer à avancer malgré les obstacles.

8.4.4 Cultiver une mentalité de croissance

Pour évoluer personnellement, il est essentiel de cultiver une mentalité de croissance. Cela signifie être ouvert aux nouvelles idées, aux nouvelles perspectives et aux nouvelles opportunités. La confiance en soi joue un rôle clé dans cette mentalité, car elle nous donne la confiance nécessaire pour explorer de nouvelles voies et pour remettre en question nos croyances limitantes. En adoptant une mentalité de croissance, nous sommes prêts à nous remettre en question, à apprendre de nos erreurs et à nous améliorer continuellement.

8.4.5 S'entourer de personnes positives

L'évolution personnelle est favorisée par un environnement positif et bienveillant. Il est important de s'entourer de personnes qui nous soutiennent, qui croient en nous et qui nous encouragent à atteindre nos objectifs. La confiance en soi est renforcée lorsque nous sommes entourés de personnes positives qui nous inspirent et qui nous motivent. Identifiez les personnes qui vous soutiennent et qui vous encouragent dans votre cheminement personnel, et éloignez-vous des personnes négatives ou toxiques qui sapent votre confiance en vous.

8.4.6 Se former et se développer continuellement

L'évolution personnelle implique également de se former et de se développer continuellement. La confiance en soi nous pousse à investir dans notre développement personnel en acquérant de nouvelles compétences, en suivant des formations et en lisant des livres inspirants. En investissant dans notre propre croissance, nous renforçons notre confiance en nos capacités et nous nous donnons les moyens d'évoluer vers la meilleure version de nous-mêmes.

8.4.7 Faire preuve de bienveillance envers soi-même

Enfin, pour favoriser l'évolution personnelle, il est essentiel de faire preuve de bienveillance envers soi-même. La confiance en soi ne signifie pas être parfait ou ne jamais commettre d'erreurs. Il s'agit plutôt de reconnaître notre valeur intrinsèque et de nous accepter tels que nous sommes, avec nos forces et nos faiblesses. En cultivant l'auto-compassion et en pratiquant l'amour de soi, nous créons un environnement propice à notre évolution personnelle.

En conclusion, la confiance en soi est un pilier essentiel de notre évolution personnelle. Elle nous donne la force de sortir de notre zone de confort, d'apprendre de nos échecs, de cultiver une mentalité de croissance, de nous entourer de personnes positives, de nous former continuellement, et de faire preuve de bienveillance envers nous-mêmes. En développant une confiance inébranlable, nous sommes en mesure de nous épanouir pleinement et de réaliser notre plein potentiel.

CHAPITRE 9 : La confiance en soi et la réussite

9.1 La confiance en soi et la motivation

La confiance en soi et la motivation sont deux éléments étroitement liés dans la poursuite de nos objectifs et de notre épanouissement personnel. Lorsque nous avons confiance en nos capacités, nous sommes plus enclins à nous fixer des objectifs ambitieux et à travailler dur pour les atteindre. La motivation, quant à elle, nous pousse à persévérer et à surmonter les obstacles qui se dressent sur notre chemin.

9.1.1 L'importance de la confiance en soi dans la motivation

La confiance en soi joue un rôle crucial dans notre motivation. Lorsque nous croyons en nos compétences et en notre valeur, nous sommes plus susceptibles de nous engager pleinement dans nos activités et de nous donner les moyens de réussir. En revanche, un manque de confiance en soi peut entraver notre motivation et nous empêcher de réaliser notre plein potentiel.

9.1.2 Les facteurs qui influencent la confiance en soi et la motivation

Plusieurs facteurs peuvent influencer notre confiance en soi et notre motivation. Les expériences passées, les croyances limitantes, les influences extérieures négatives et les peurs et doutes sont autant de facteurs qui peuvent affecter notre estime de soi et notre motivation. Il est important de prendre conscience de ces facteurs et de travailler sur eux afin de les surmonter et de renforcer notre confiance en nous-mêmes.

9.1.3 Les techniques pour renforcer la confiance en soi et la motivation

Heureusement, il existe des techniques efficaces pour renforcer notre confiance en soi et notre motivation. Voici quelques-unes d'entre elles :

1. Fixez-vous des objectifs réalistes et stimulants : Avoir des objectifs clairs et réalisables nous donne un sentiment de direction et de motivation. Il est important de se fixer des objectifs qui nous poussent à sortir de notre zone de confort et à nous dépasser.
2. Célébrez vos réussites : Prenez le temps de célébrer vos petites et grandes réussites. Cela renforcera votre confiance en vous et vous motivera à continuer à progresser.
3. Entourez-vous de personnes positives : Les personnes qui nous entourent ont un impact significatif sur notre confiance en soi et notre motivation. Choisissez des personnes positives et encourageantes qui croient en vous et en vos capacités.
4. Pratiquez l'auto-compassion : Soyez bienveillant envers vous-même et traitez-vous avec compassion. Apprenez à vous pardonner vos erreurs et à vous encourager dans les moments difficiles.
5. Visualisez votre succès : Utilisez la visualisation positive pour vous imaginer atteindre vos objectifs et vivre la vie que vous désirez. Cette technique peut renforcer votre confiance en vous et vous motiver à prendre les mesures nécessaires pour réaliser vos rêves.

9.1.4 La confiance en soi, la motivation et la gestion du temps

La gestion du temps est un aspect essentiel de la confiance en soi et de la motivation. Lorsque nous sommes organisés et que nous avons une vision claire de nos priorités, nous sommes plus susceptibles de rester motivés et de travailler efficacement vers nos objectifs. Voici quelques conseils pour gérer votre temps de manière efficace :

1. Établissez une liste de tâches : Faites une liste des tâches que vous devez accomplir et classez-les par ordre de priorité. Cela vous aidera à rester concentré sur les tâches les plus importantes et à éviter de vous disperser.
2. Évitez la procrastination : La procrastination peut saper votre confiance en vous et votre motivation. Essayez de vous engager à commencer chaque tâche dès que possible, même si ce n'est que pour quelques minutes. Une fois que vous avez commencé, il est souvent plus facile de maintenir votre motivation et de continuer à travailler.
3. Établissez des limites : Apprenez à dire non aux demandes qui ne sont pas alignées avec vos objectifs et vos priorités. En établissant des limites claires, vous pouvez vous concentrer sur les tâches qui sont vraiment importantes pour vous.
4. Prenez des pauses régulières : Prenez le temps de vous reposer et de vous ressourcer régulièrement. Les pauses vous permettent de recharger vos batteries et de maintenir votre motivation à long terme.

En renforçant votre confiance en vous et en cultivant votre motivation, vous pouvez atteindre des niveaux de réussite et d'épanouissement personnel que vous n'auriez jamais cru possibles. N'oubliez pas que la confiance en soi et la motivation sont des compétences qui peuvent être développées et améliorées avec le temps et la pratique.

9.2 La confiance en soi et la prise de décision

La confiance en soi joue un rôle essentiel dans notre capacité à prendre des décisions éclairées et à agir en accord avec nos valeurs et nos objectifs. Lorsque nous avons confiance en nous, nous sommes plus enclins à faire des choix qui nous conviennent et à assumer la responsabilité de ces décisions. Cependant, lorsque notre confiance en nous est faible, nous pouvons avoir du mal à prendre des décisions, ce qui peut entraîner des regrets et des sentiments d'insatisfaction.

9.2.1 L'importance de la confiance en soi dans la prise de décision

La confiance en soi est un élément clé dans la prise de décision, car elle nous permet de croire en nos capacités à faire les bons choix. Lorsque nous avons confiance en nous, nous sommes plus susceptibles de prendre des décisions basées sur notre intuition et notre expérience, plutôt que de nous laisser influencer par les opinions des autres ou par la peur de l'échec.

La confiance en soi nous donne également la force de prendre des décisions difficiles et de faire face aux conséquences qui en découlent. Elle nous permet de faire preuve de courage et de persévérance, même lorsque les choix que nous faisons sont incertains ou risqués.

9.2.2 Les obstacles à la prise de décision

Cependant, il est important de reconnaître que la confiance en soi peut être mise à l'épreuve lorsqu'il s'agit de prendre des décisions importantes. Certains obstacles peuvent entraver notre capacité à prendre des décisions de manière confiante et éclairée.

Les doutes et les peurs

Les doutes et les peurs sont des obstacles courants à la prise de décision. Lorsque nous manquons de confiance en nous, nous pouvons douter de nos capacités à prendre la bonne décision ou craindre les conséquences négatives de nos choix. Ces doutes et ces peurs peuvent nous paralyser et nous empêcher de prendre des décisions qui pourraient être bénéfiques pour notre vie.

L'influence des autres

L'influence des autres peut également affecter notre confiance en nous et notre capacité à prendre des décisions. Lorsque nous accordons trop d'importance à l'opinion des autres, nous pouvons perdre confiance en nos propres jugements et nous sentir obligés de prendre des décisions qui ne nous conviennent pas vraiment. Il est important de se rappeler que nous sommes les seuls à connaître véritablement nos besoins et nos aspirations, et que nous devons avoir confiance en notre capacité à prendre des décisions qui nous sont propres.

9.2.3 Cultiver la confiance en soi pour prendre des décisions éclairées

Pour surmonter ces obstacles et prendre des décisions éclairées, il est essentiel de cultiver une confiance en soi solide. Voici quelques stratégies qui peuvent vous aider à renforcer votre confiance en vous et à prendre des décisions avec assurance :

L'auto-réflexion

Prendre le temps de vous connaître et de comprendre vos valeurs, vos besoins et vos objectifs est essentiel pour prendre des décisions éclairées. L'auto-réflexion vous permettra de mieux comprendre ce qui est vraiment important pour vous et de prendre des décisions qui sont en accord avec vos aspirations profondes.

L'écoute de votre intuition

Apprendre à écouter votre intuition peut vous aider à prendre des décisions en accord avec votre être intérieur. L'intuition est une forme de sagesse intérieure qui peut vous guider vers les choix qui vous conviennent le mieux. Faites confiance à votre instinct et n'ayez pas peur de suivre votre propre voix.

L'acceptation de l'incertitude

La prise de décision comporte souvent une part d'incertitude. Apprenez à accepter cette incertitude et à faire confiance à votre capacité à faire face aux conséquences de vos choix. Rappelez-vous que chaque décision est une occasion d'apprendre et de grandir, même si elle ne se révèle pas être la meilleure option.

La prise de décision progressive

Si vous avez du mal à prendre une décision importante, vous pouvez envisager de la prendre de manière progressive. Divisez la décision en étapes plus petites et prenez le temps d'évaluer chaque option. Cela vous permettra de vous sentir plus en contrôle et de prendre des décisions plus confiantes.

Conclusion

La confiance en soi est un élément essentiel dans notre capacité à prendre des décisions éclairées et à agir en accord avec nos valeurs et nos objectifs. En cultivant une confiance en soi solide, en surmontant les doutes et les peurs, et en écoutant notre intuition, nous pouvons prendre des décisions qui nous conviennent et qui nous permettent d'avancer vers une vie épanouissante. N'ayez pas peur de faire confiance à vous-même et de prendre les décisions qui vous semblent justes, car c'est ainsi que vous pourrez construire une confiance inébranlable et atteindre vos objectifs.

9.3 La confiance en soi et la gestion du temps

La gestion du temps est un aspect essentiel de la vie quotidienne. Lorsque nous avons une bonne gestion du temps, nous sommes en mesure de réaliser nos tâches de manière efficace et de maximiser notre productivité. Cela peut avoir un impact significatif sur notre confiance en soi, car nous nous sentons capables de gérer notre vie de manière organisée et structurée.

9.3.1 Identifier les problèmes de gestion du temps

Avant de pouvoir améliorer notre gestion du temps, il est important d'identifier les problèmes qui peuvent nous empêcher d'utiliser notre temps de manière optimale. Certains problèmes courants incluent la procrastination, la mauvaise planification, la difficulté à établir des priorités et la tendance à se laisser distraire facilement.

Pour identifier ces problèmes, il peut être utile de tenir un journal de notre utilisation du temps pendant quelques jours. Cela nous permettra de voir où nous passons notre temps et de repérer les moments où nous sommes moins productifs. Une fois que nous avons identifié les problèmes, nous pouvons commencer à travailler sur des solutions pour les surmonter.

9.3.2 Établir des objectifs et des priorités

Une bonne gestion du temps commence par l'établissement d'objectifs clairs et la détermination des priorités. Lorsque nous avons des objectifs bien définis, nous sommes plus motivés à utiliser notre temps de manière productive pour les atteindre. Il est également important de déterminer les tâches qui sont les plus importantes et de les prioriser en conséquence.

Pour établir des objectifs efficaces, il est recommandé d'utiliser la méthode SMART (Spécifique, Mesurable, Atteignable, Réaliste, Temporellement défini). Cela nous aide à définir des objectifs concrets et réalisables, ce qui renforce notre confiance en notre capacité à les atteindre.

9.3.3 Planifier et organiser

Une fois que nous avons établi nos objectifs et nos priorités, il est essentiel de planifier notre temps de manière efficace. Cela peut inclure la création d'un emploi du temps, la détermination des délais pour chaque tâche et la répartition du temps en fonction de nos priorités. L'utilisation d'outils de gestion du temps tels que des applications de calendrier ou des listes de tâches peut également être utile pour rester organisé.

Lors de la planification de notre temps, il est important de tenir compte de nos rythmes naturels et de notre niveau d'énergie. Certaines personnes sont plus productives le matin, tandis que d'autres préfèrent travailler l'après-midi ou le soir. En tenant compte de ces facteurs, nous pouvons organiser notre emploi du temps de manière à maximiser notre productivité.

9.3.4 Éviter les distractions et la procrastination

Les distractions et la procrastination sont des ennemis de la gestion du temps efficace. Il est important de prendre des mesures pour les éviter autant que possible. Cela peut inclure la mise en place d'un environnement de travail sans distractions, la désactivation des notifications sur nos appareils électroniques et la création de règles personnelles pour limiter notre temps sur les réseaux sociaux ou d'autres activités non productives.

La procrastination peut être un problème complexe qui peut être lié à des problèmes sous-jacents tels que la peur de l'échec ou le perfectionnisme. Si nous avons du mal à surmonter la procrastination, il peut être utile de consulter un thérapeute ou un coach spécialisé dans la gestion du temps pour obtenir un soutien supplémentaire.

9.3.5 Évaluer et ajuster

La gestion du temps est un processus continu qui nécessite une évaluation régulière et des ajustements si nécessaire. Il est important de prendre le temps de réfléchir à notre utilisation du temps et d'identifier ce qui fonctionne bien et ce qui peut être amélioré. En faisant cela, nous pouvons apporter les ajustements nécessaires pour améliorer notre efficacité et notre productivité.

Il est également important de se rappeler que la gestion du temps ne consiste pas seulement à être productif, mais aussi à prendre le temps de se reposer et de se ressourcer. L'équilibre entre le travail et la vie personnelle est essentiel pour maintenir une confiance en soi solide. Prendre le temps de se détendre, de pratiquer des activités qui nous plaisent et de prendre soin de notre bien-être physique et émotionnel est essentiel pour maintenir une confiance en soi inébranlable.

En conclusion, une bonne gestion du temps peut avoir un impact significatif sur notre confiance en soi. En identifiant les problèmes de gestion du temps, en établissant des objectifs et des priorités, en planifiant et en organisant notre temps, en évitant les distractions et la procrastination, et en évaluant et en ajustant régulièrement notre approche, nous pouvons améliorer notre efficacité et notre productivité, renforçant ainsi notre confiance en notre capacité à atteindre nos objectifs et à mener une vie épanouissante.

Chapitre 9.4: La confiance en soi et l'atteinte des objectifs

La confiance en soi joue un rôle essentiel dans notre capacité à atteindre nos objectifs. Lorsque nous croyons en nos compétences et en notre valeur, nous sommes plus enclins à prendre des mesures pour réaliser nos aspirations. Cependant, il est important de comprendre que la confiance en soi ne se limite pas à une simple croyance en nos capacités, mais elle englobe également notre attitude, notre motivation et notre persévérance.

9.4.1 L'importance de la confiance en soi dans l'atteinte des objectifs

La confiance en soi est un facteur déterminant dans la réalisation de nos objectifs. Lorsque nous avons confiance en nous-mêmes, nous sommes plus susceptibles de prendre des risques calculés et de sortir de notre zone de confort. Nous sommes également plus résilients face aux obstacles et aux échecs, car nous croyons en notre capacité à rebondir et à apprendre de nos erreurs.

La confiance en soi nous donne également la motivation nécessaire pour persévérer lorsque les choses deviennent difficiles. Lorsque nous croyons en notre potentiel, nous sommes plus enclins à travailler dur et à rester concentrés sur nos objectifs, même lorsque les résultats tardent à se manifester. Cette persévérance est souvent la clé du succès à long terme.

9.4.2 Cultiver la confiance en soi pour atteindre ses objectifs

Pour cultiver la confiance en soi et atteindre nos objectifs, il est important de prendre des mesures concrètes. Voici quelques stratégies qui peuvent vous aider dans ce processus :

9.4.2.1 Fixez des objectifs réalistes et mesurables

Lorsque vous vous fixez des objectifs, assurez-vous qu'ils soient réalistes et mesurables. Des objectifs trop ambitieux peuvent être décourageants et nuire à votre confiance en vous. En fixant des objectifs réalistes, vous pouvez progresser étape par étape et célébrer vos réussites, ce qui renforcera votre confiance en vous.

9.4.2.2 Développez vos compétences

L'acquisition de nouvelles compétences est un excellent moyen de renforcer votre confiance en vous. En investissant du temps et des efforts dans l'apprentissage et le développement de vos compétences, vous vous sentirez plus compétent et plus confiant dans votre capacité à atteindre vos objectifs.

9.4.2.3 Entourez-vous de personnes positives et encourageantes

L'environnement dans lequel vous évoluez peut avoir un impact significatif sur votre confiance en vous. Entourez-vous de personnes positives et encourageantes qui croient en vous et en vos capacités. Le soutien et les encouragements de ces personnes peuvent vous aider à maintenir votre motivation et à renforcer votre confiance en vous.

9.4.2.4 Visualisez votre succès

La visualisation est une technique puissante pour renforcer la confiance en soi. Prenez le temps de visualiser votre succès et imaginez-vous atteindre vos objectifs. Cette pratique vous aidera à renforcer votre confiance en vous et à vous préparer mentalement à la réussite.

9.4.2.5 Célébrez vos réussites

N'oubliez pas de célébrer vos réussites, peu importe leur ampleur. Chaque étape accomplie vers l'atteinte de vos objectifs mérite d'être célébrée. Cela renforcera votre confiance en vous et vous motivera à continuer à avancer.

Conclusion

La confiance en soi est un élément essentiel pour atteindre nos objectifs. En croyant en nos capacités, en fixant des objectifs réalistes, en développant nos compétences et en nous entourant de personnes positives, nous pouvons renforcer notre confiance en nous-mêmes et nous donner les meilleures chances de réussir. N'oubliez pas de célébrer vos réussites et de visualiser votre succès, car cela renforcera votre confiance en vous et vous aidera à maintenir votre motivation tout au long de votre parcours vers l'atteinte de vos objectifs.

Chapitre 10: La confiance en soi et l'épanouissement personnel

La confiance en soi est un élément essentiel de l'épanouissement personnel. Lorsque nous avons confiance en nous-mêmes, nous sommes capables de nous connaître, de nous exprimer et de vivre pleinement notre vie. Dans ce chapitre, nous allons explorer comment la confiance en soi est liée à la connaissance de soi, à la créativité, à la confiance en l'univers et à la gratitude.

10.1 La confiance en soi et la connaissance de soi

La connaissance de soi est le fondement de la confiance en soi. Pour avoir une confiance inébranlable, il est important de comprendre qui nous sommes vraiment, nos forces, nos faiblesses, nos valeurs et nos aspirations. La connaissance de soi nous permet de prendre des décisions alignées avec nos véritables désirs et de vivre une vie authentique.

10.1.1 Explorer nos valeurs et nos croyances

Pour mieux se connaître, il est important d'explorer nos valeurs et nos croyances. Les valeurs sont les principes qui guident nos actions et nos choix. Prendre conscience de nos valeurs nous permet de vivre en accord avec celles-ci, ce qui renforce notre confiance en nous-mêmes. Les croyances, quant à elles, sont les pensées profondément ancrées qui influencent notre perception de nous-mêmes et du monde. En identifiant nos croyances limitantes et en les remplaçant par des croyances positives, nous pouvons renforcer notre confiance en nous-mêmes.

10.1.2 Se connecter à nos émotions et nos besoins

La connaissance de soi implique également d'être conscient de nos émotions et de nos besoins. Nos émotions sont des indicateurs puissants de ce qui se passe à l'intérieur de nous. En les écoutant et en les comprenant, nous pouvons mieux nous comprendre et prendre des décisions éclairées. De plus, être à l'écoute de nos besoins nous permet de prendre soin de nous-mêmes et de nous sentir épanouis.

10.1.3 Pratiquer l'introspection et l'auto-réflexion

L'introspection et l'auto-réflexion sont des outils précieux pour approfondir notre connaissance de nous-mêmes. Prendre le temps de réfléchir sur nos expériences, nos actions et nos réactions nous permet de mieux comprendre nos motivations et nos comportements. Cela nous aide également à identifier les schémas récurrents et les obstacles qui pourraient entraver notre confiance en nous-mêmes.

10.1.4 Se donner la permission d'être authentique

La connaissance de soi implique également de se donner la permission d'être authentique. Souvent, nous nous conformons aux attentes des autres ou à des normes sociales, ce qui peut nous éloigner de notre véritable identité. En nous acceptant tels que nous sommes et en nous permettant d'être authentiques, nous renforçons notre confiance en nous-mêmes et nous nous épanouissons pleinement.

Conclusion

La confiance en soi et la connaissance de soi sont étroitement liées. En explorant nos valeurs, nos croyances, nos émotions et nos besoins, en pratiquant l'introspection et en nous donnant la permission d'être authentiques, nous renforçons notre confiance en nous-mêmes et nous nous épanouissons sur tous les plans de notre vie. Prendre le temps de se connaître véritablement est un investissement précieux qui nous permet de construire une estime de soi solide et une confiance inébranlable.

10.2 La confiance en soi et la créativité

La confiance en soi est un élément essentiel pour développer sa créativité. Lorsque nous avons confiance en nos capacités, nous sommes plus enclins à explorer de nouvelles idées, à prendre des risques et à exprimer notre individualité. La créativité est une force puissante qui nous permet de nous connecter à notre moi intérieur et de donner vie à nos idées les plus profondes.

La créativité est souvent associée à des domaines tels que l'art, la musique et l'écriture, mais elle peut également être appliquée à tous les aspects de notre vie. Que ce soit dans notre travail, nos relations ou nos loisirs, la créativité nous permet de trouver des solutions innovantes, d'apporter de nouvelles perspectives et d'exprimer notre authenticité.

10.2.1 Libérer son potentiel créatif

Pour libérer notre potentiel créatif, il est important de cultiver la confiance en soi. Voici quelques conseils pour renforcer cette confiance et stimuler notre créativité :

10.2.1.1 Se libérer des jugements

L'un des principaux obstacles à la créativité est la peur du jugement des autres. Nous avons souvent tendance à nous autocensurer par crainte d'être critiqués ou rejetés. Pour développer notre confiance en nous et notre créativité, il est essentiel de nous libérer de ces jugements. Nous devons apprendre à nous accepter tels que nous sommes et à croire en la valeur de nos idées.

10.2.1.2 Faire confiance à son intuition

La créativité est souvent le fruit d'une intuition profonde. Apprendre à faire confiance à notre intuition nous permet d'explorer de nouvelles voies et de prendre des décisions créatives. Lorsque nous écoutons notre voix intérieure, nous sommes plus enclins à suivre notre propre chemin et à exprimer notre originalité.

10.2.1.3 Sortir de sa zone de confort

Pour développer notre créativité, il est important de sortir de notre zone de confort. Cela signifie prendre des risques, essayer de nouvelles choses et explorer des territoires inconnus. En nous confrontant à de nouvelles expériences, nous développons notre confiance en nous et notre capacité à trouver des solutions créatives.

10.2.1.4 Pratiquer la pensée divergente

La pensée divergente est une compétence clé pour stimuler notre créativité. Elle consiste à générer un grand nombre d'idées, sans se soucier de leur faisabilité ou de leur pertinence immédiate. En pratiquant la pensée divergente, nous élargissons notre champ des possibles et nous nous donnons la liberté d'explorer de nouvelles idées.

10.2.2 La confiance en soi et l'expression créative

L'expression créative est un moyen puissant de renforcer notre confiance en nous. Lorsque nous nous exprimons à travers l'art, la danse, l'écriture ou toute autre forme d'expression créative, nous nous connectons à notre moi le plus profond et nous nous donnons la permission d'être authentiques.

L'expression créative nous permet de libérer nos émotions, de donner une voix à nos pensées et de partager notre vision unique avec le monde. Cela nous donne également l'occasion de recevoir des feedbacks positifs, ce qui renforce notre confiance en nos capacités créatives.

10.2.3 La confiance en soi et l'inspiration

La confiance en soi joue également un rôle crucial dans notre capacité à trouver l'inspiration. Lorsque nous avons confiance en nos capacités créatives, nous sommes plus ouverts à de nouvelles idées et nous sommes plus réceptifs aux sources d'inspiration qui nous entourent.

La confiance en soi nous permet de croire en notre capacité à trouver des solutions créatives et à transformer nos idées en réalité. Elle nous donne la motivation nécessaire pour persévérer face aux obstacles et pour continuer à chercher l'inspiration même lorsque nous faisons face à des difficultés.

Conclusion

La confiance en soi est un ingrédient essentiel pour développer notre créativité et notre épanouissement personnel. En cultivant cette confiance, nous sommes en mesure d'explorer de nouvelles idées, de prendre des risques et d'exprimer notre authenticité. La créativité nous permet de nous connecter à notre moi intérieur et de donner vie à nos idées les plus profondes. Alors, faites confiance à votre potentiel créatif et laissez votre imagination s'envoler vers de nouveaux horizons.

10.3 La confiance en soi et la confiance en l'univers

La confiance en soi est un élément essentiel pour atteindre l'épanouissement personnel. Cependant, il est important de reconnaître que la confiance en soi ne se limite pas seulement à croire en ses propres capacités et compétences. Elle englobe également la confiance en l'univers, en la vie et en la force qui nous entoure.

La confiance en l'univers est une croyance profonde en la bienveillance de l'univers et en sa capacité à nous guider et à nous soutenir dans notre parcours de vie. C'est une conviction que tout ce qui se passe dans notre vie a un sens et une raison d'être, même si cela peut parfois sembler difficile à comprendre.

10.3.1 Lâcher prise et faire confiance

Lorsque nous faisons confiance à l'univers, nous apprenons à lâcher prise et à accepter que certaines choses échappent à notre contrôle. Nous comprenons que nous ne pouvons pas tout prévoir ou tout contrôler, et que parfois, les meilleures choses arrivent lorsque nous nous laissons porter par le courant de la vie.

Faire confiance à l'univers ne signifie pas être passif ou ne rien faire pour atteindre nos objectifs. Au contraire, cela implique de prendre des mesures concrètes tout en étant ouvert aux opportunités et aux synchronicités qui se présentent à nous. C'est une combinaison de détermination et de flexibilité, de persévérance et de lâcher prise.

10.3.2 La loi de l'attraction

La confiance en l'univers est également liée à la loi de l'attraction, qui postule que nos pensées et nos émotions influencent notre réalité. Selon cette loi, si nous émettons des pensées positives et des émotions élevées, nous attirons des expériences positives dans notre vie. En revanche, si nous sommes dominés par des pensées négatives et des émotions basses, nous attirons des expériences négatives.

Cela ne signifie pas que nous pouvons simplement penser positivement et tout ce que nous désirons se réalisera instantanément. La loi de l'attraction fonctionne en tandem avec nos actions et nos efforts. En ayant confiance en l'univers, nous créons un état d'esprit propice à la manifestation de nos désirs et nous sommes plus ouverts aux opportunités qui se présentent à nous.

10.3.3 La gratitude envers l'univers

La gratitude envers l'univers est un autre aspect important de la confiance en soi et de la confiance en l'univers. Lorsque nous exprimons notre gratitude pour ce que nous avons déjà dans notre vie, nous envoyons un message à l'univers selon lequel nous sommes reconnaissants et prêts à recevoir davantage de bénédictions.

La pratique de la gratitude nous permet de nous concentrer sur les aspects positifs de notre vie, ce qui renforce notre confiance en l'univers et en nous-mêmes. En reconnaissant les petites choses qui nous apportent de la joie et de la satisfaction, nous cultivons un état d'esprit positif et nous attirons davantage de bonheur dans notre vie.

10.3.4 La confiance en l'univers et la confiance en soi

La confiance en l'univers et la confiance en soi sont étroitement liées. Lorsque nous avons confiance en l'univers, nous développons également une confiance plus profonde en nous-mêmes. Nous comprenons que nous sommes soutenus et guidés dans notre parcours de vie, ce qui renforce notre estime de soi et notre confiance en nos propres capacités.

La confiance en l'univers nous permet de surmonter nos peurs et nos doutes, car nous savons que nous sommes entourés d'une force bienveillante qui nous pousse à grandir et à évoluer. Elle nous donne le courage d'explorer de nouvelles opportunités, de prendre des risques et de sortir de notre zone de confort.

En cultivant la confiance en l'univers, nous nous ouvrons à un monde de possibilités infinies. Nous apprenons à nous fier à notre intuition et à suivre notre propre chemin, même lorsque cela semble incertain. Nous développons une foi inébranlable en nous-mêmes et en notre capacité à créer la vie que nous désirons.

La confiance en soi et la confiance en l'univers sont des forces puissantes qui peuvent nous aider à atteindre l'épanouissement personnel et à vivre une vie remplie de bonheur et de succès. En cultivant ces deux formes de confiance, nous sommes en mesure de surmonter les obstacles, de réaliser nos rêves et de vivre une vie authentique et épanouissante.

Chapitre 10.4: La confiance en soi et la gratitude

La gratitude est un sentiment puissant qui peut avoir un impact significatif sur notre confiance en nous-mêmes. Lorsque nous sommes reconnaissants pour ce que nous avons dans notre vie, nous développons une perspective positive et une appréciation de nous-mêmes. Dans ce chapitre, nous explorerons le lien entre la confiance en soi et la gratitude, et comment cultiver cette gratitude peut renforcer notre estime de soi.

10.4.1 La gratitude envers soi-même

La gratitude envers soi-même est un aspect essentiel de la confiance en soi. Il s'agit de reconnaître et d'apprécier nos propres qualités, réalisations et efforts. Lorsque nous sommes reconnaissants envers nous-mêmes, nous renforçons notre estime de soi et notre confiance en nos capacités.

Pour cultiver la gratitude envers soi-même, il est important de prendre le temps de réfléchir sur nos réussites, grandes et petites. Cela peut inclure des accomplissements professionnels, des relations positives, des défis surmontés, ou même des moments de croissance personnelle. En reconnaissant ces aspects positifs de notre vie, nous renforçons notre confiance en nous-mêmes et notre capacité à faire face aux défis futurs.

10.4.2 La gratitude envers les autres

La gratitude envers les autres joue également un rôle important dans le renforcement de notre confiance en nous-mêmes. Lorsque nous exprimons notre gratitude envers les personnes qui nous entourent, nous renforçons nos relations et notre estime de soi. Cela peut inclure des remerciements sincères, des gestes de reconnaissance ou même des actes de gentillesse envers les autres.

En exprimant notre gratitude envers les autres, nous reconnaissons l'importance des relations positives dans notre vie. Cela renforce notre confiance en nous-mêmes en nous rappelant que nous sommes entourés de personnes qui nous soutiennent et nous apprécient. Cette reconnaissance des autres contribue à renforcer notre estime de soi et notre confiance en nos capacités.

10.4.3 Pratiquer la gratitude au quotidien

La gratitude est une pratique quotidienne qui peut être intégrée dans notre vie de différentes manières. Voici quelques techniques simples pour cultiver la gratitude et renforcer notre confiance en nous-mêmes :

1. Tenir un journal de gratitude : Prenez quelques minutes chaque jour pour écrire trois choses pour lesquelles vous êtes reconnaissant. Cela peut être aussi simple que le soleil qui brille, une conversation agréable ou une réussite personnelle. En écrivant ces moments de gratitude, vous renforcez votre confiance en vous-même et votre appréciation de la vie.
2. Exprimer sa gratitude : Prenez le temps d'exprimer votre gratitude envers les autres. Que ce soit par un simple merci, une lettre de remerciement ou un geste de gentillesse, exprimer votre gratitude renforce vos relations et votre confiance en vous-même.
3. Pratiquer la méditation de gratitude : Prenez quelques minutes chaque jour pour vous asseoir en silence et vous concentrer sur les aspects positifs de votre vie. Visualisez ces moments de gratitude et ressentez la joie et l'appréciation qu'ils vous procurent. Cette pratique régulière renforce votre confiance en vous-même et votre estime de soi.
4. Faire preuve de bienveillance envers soi-même : Soyez gentil et compatissant envers vous-même. Lorsque vous faites une erreur ou que vous rencontrez des difficultés, rappelez-vous de vous traiter avec bienveillance et de vous accord